아무나 만날 수 없는 30대를 위한 연애 심리학

진짜 사랑은
아직 오지 않았다

아무나 만날 수 없는 30대를 위한 연애 심리학

진짜 사랑은
아직 오지 않았다

펴낸날 초판 1쇄 2015년 12월 1일

지은이 선안남

펴낸이 임호준
이사 홍헌표
편집장 김소중
책임 편집 윤혜민 ┃ **편집 3팀** 김은정 김송희
디자인 왕윤경 김효숙 ┃ **마케팅** 강진수 임한호 김혜민
경영지원 나은혜 박석호 ┃ **e-비즈** 표형원 이용직 김준홍 류현정 차상은

일러스트 곽수진 ┃ **인쇄** (주)웰컴피앤피

펴낸곳 북클라우드 ┃ **발행처** (주)헬스조선 ┃ **출판등록** 제2-4324호 2006년 1월 12일
주소 서울특별시 중구 세종대로 21길 30 ┃ **전화** (02) 724-7633 ┃ **팩스** (02) 722-9339
홈페이지 www.vita-books.co.kr ┃ **블로그** blog.naver.com/vita_books ┃ **페이스북** www.facebook.com/vitabooks

ISBN 979-11-5846-033-4   03180

• 이 도서의 국립중앙도서관 출판예정도서목록(CIP)은 서지정보유통지원시스템 홈페이지(http://seoji.nl.go.kr)와
  국가자료공동목록시스템(http://www.nl.go.kr/kolisnet)에서 이용하실 수 있습니다. (CIP제어번호: CIP2015030713)

• 북클라우드는 독자 여러분의 책에 대한 아이디어와 원고 투고를 기다리고 있습니다.
  책 출간을 원하시는 분은 이메일 vbook@chosun.com으로 간단한 개요와 취지, 연락처 등을 보내주세요.

  북클라우드 는 건강한 마음과 아름다운 삶을 생각하는 (주)헬스조선의 출판 브랜드입니다.

아무나 만날 수 없는 30대를 위한 연애 심리학

진짜 사랑은
아직 오지 않았다

선안남 지음

북클라우드

좋은 연애가 필요하다

고백컨대, 사랑에 빠진 사람들을 상담하는 것은 쉽지 않다.

열병에 시달리듯 달뜬 표정, 급격하고 극단적인 감정의 전환, 환상에

가로막힌 마음의 장벽, 끊어내지 못하는 질긴 집착, 상처로 얼룩진 냉

소, 사랑하지만 미워하고 좋으면서도 밀치게 되는 마음의 역설과 모

순, 가짜들 사이에서 진짜를 찾아내야 하는 막막함, 분명한 입구도 출

구도 없는 마음의 출렁임….

심연에 잠겨 있는 감정들을 인양하고 모호한 안개에 가려 흐릿해진

욕망들을 받아 적으며 나는 자주 고민스러웠다. 이제 좀 알 것 같다

싶을 때조차 예상하지 못한 복병의 등장에 긴장의 끈을 놓칠 수가 없었고, 마지막 보루와도 같은 환상을 깨고 불편한 진실을 직면하게 해야 하는 순간에는 아찔해졌다. 거리를 두고 냉정함을 유지하다가도 때로는 열정에 전이되어 나도 함께 들썩거렸다. 게다가 어떤 연애에도 '해피엔딩(happy ending)'은 없었다. 언제나 무한한 '뉴 비기닝(new beginning)'만 난무하는 불가사의한 관계에 '그대의 연애 전선 이상 무'라는 확언해줄 수 있는 순간은 절대로 찾아오지 않았다. 연애는 너무나 흔하고 모두가 원하는 것이지만 그 누구에게도 쉽지 않았다.

일단 연애 관계에 진입하면 자꾸만 과거의 상처에 가려 경직되고, 불확실한 미래에 대한 두려움 때문에 조바심을 내고, 불길처럼 무섭게 자라나는 환상에 압도된다. 연애를 하기 전에는 몰랐던 내 안의 가장 유치한 욕망을 바라보며 스스로도 질리면서도 오직 그 사람만큼은 사랑이라는 이름으로 나를 받아주기를 욕심낸다. 그 모든 불가해한 욕심이 나의 연애를 흔들리게 한다는 것을 알면서도 어쩔 수 없이 원하고 실망하는 마음의 롤러코스터를 타고야 마는 것이다.

나 역시도 이런 마음의 롤러코스터를 탄 탑승객 가운데 하나였기에 어쩌면 사랑에 빠진 사람들을 상담하는 게 제일 쉽지 않다고 생각했음에도 사랑이야기를 가장 열심히 경청했던 것도 같다. 게다가 나는 모든 마음의 힘겨움을 사랑의 결핍에서 찾고, 치유 역시 사랑을 통해서만 가능하다고 믿었기에 사랑이야기가 언제나 우선이었다. 그래서였는지 나의 상담실에는 연애 상담을 청하며 내 앞에 머무르다 간 사람들이 유난히 많았다. 테이블을 사이에 두고 누군가의 마음과 마주하며 마음에 떠오른 고민과 의혹, 갈망, 확신과 결심, 그리고 그 뒤에 딸려오는 막연한 두려움, 이런 사랑을 둘러싼 욕망과 감정을 해독하며 나는 상담실에서 오랜 시간을 보냈다. 그러면서 서른 즈음의 연애에 주목하게 되었다.

사랑이라는 추상적인 단어가 연애라는 낭만적인 관계와 결혼이라는 현실적인 책임을 잇는 구체적인 매개체로 떠오르는 이 시기의 연애는 중요하다. 30대의 연애는 그저 나에게 맞는 사람을 만나 미래를 함께 계획하고 '친밀감 획득'이라는 발달 과업을 달성하는 것, 그 이상을 품고 있다. 본격적으로 연애를 시작하게 되는 20대가 출렁이는 욕망의 파도를 따라 대상을 좇는 가벼운 데이트라면 30대로 건너가는 연애는 그야말로 진지한 실전이다. 이때는 연애를 통해 막막한 결핍에 갇힌 나를 건져 올려 사랑하는 사람과 함께 생의 중요한 징검다리를 건넌다. 그전까지 삶에서 밀려나 있던 성숙의 과제가 바로 여기에 집약되어 있고 내 안에 있는 가장 깊은 상처와 가장 내밀한 욕망, 가장 처절한 기억들이 숨어 있다. 어른이 되는 과정에서 이미 미로처럼 꼬이고 잃어버린 내 안의 진짜 나를 되찾는 과정 역시 진짜 내 사람을 만나는 진지한 연애를 통해서야 펼쳐지기 시작한다. 하지만 이렇게 중요한 생의 전환점, 중요한 선택의 과정에서 우리는 자주 길을 잃는다. 그러면서 또 너무도 자주, 관계에 매달리며 그전에 이미 잃었던 나를 조금 더 많이 잃게 된다. 사실 연애를 통해 우리가 만나야 할 사람은 다른 누군가가 아닌 나 자신인데 말이다.

연애는 결국 관계의 문제가 아니라 나의 문제다. 내가 나를 분명히 직시하지 않는 한, 어떤 관계에서든 나는 흔들릴 수밖에 없다. 관계는 거울이다. 관계와 대상은 단지 나를 비춰주는 거울로서 중요하다. 거울보다 더 중요한 것은 바로 '나'다. 내가 어떤 사람인가를 명확히 알고 싶다면 내가 누구를 만나 어떻게 사랑하는가(혹은 사랑하지 않는가)를 보면 된다. 관계라는 판 위에 내 마음을 비쳐본 후에야 혼자일 때는 미처 몰랐던 나의 욕구와 두려움을 알 수 있다. 그러니 나 자신을 알기 위해, 나와 더 깊이 만나기 위해, 연애를 해야 한다. 그냥 연애도 아닌 좋은 연애를 해야 한다. 좋은 관계에 나를 자주 비춰 보아야 한다. 그래서 나는 모든 연애 상담의 목표가 둘의 관계를 더 돈독히 하는 방법을 찾아 헤어지지 않도록 하는 것이 아니라, 만날 때 더 잘 만나고 헤어질 때 더 잘 헤어질 수 있도록 '나'를 굳건히 하는 것이 되어야 한다고 생각했다.

연애만큼 마음속 가장 깊숙한 곳에 봉인해둔 사랑의 상처를 소환시키는 관계도 없다. 연애를 시작하면 그런 상처들의 귀환과 무시무시한 파급력을 느끼며 흔들리게 되지만 사실 그 상처들은 그냥 떠오른 것이 아니다. 좋은 연애는 결국 이런 상처들의 메시지 해독 과정, 중화 과정이 되지만 나쁜 연애는 오히려 상처의 악순환에 갇히게 한다. 그래서 상처의 목록을 늘려가는 나쁜 연애가 아닌 서로의 상처 목록을 함께 지워나가는 좋은 연애를 하기 위해 필요한 열 가지 심리 키워드를 이 책에 담았다. 부디 과거의 상처를 답습하고 부정적인 자기 인식을 강화하는 '자기복제' 차원의 나쁜 연애가 아닌, 상처를 딛고 일어나 나와 타인을 더 힘껏 껴안으며 앞으로 내딛어 갈 수 있는 '자기창조'와 '자기실현'의 출발점이 되는 좋은 연애를 하길 바란다.

유난히 많이 흔들렸던 올해, 나를 흔들어준 사람들에게, 흔들리는 나를 붙잡아준 사람들에게, 흔들렸지만 제 자리로 돌아온 나를 위해 이 책을 썼다. 아직도 가야 할 길이 있지만 앞으로 나아가는 그 길에 흔들리지 않기를, 상처가 없기를 바라기보다는, 흔들리고 상처 입더라도 본질을 잃지 않는 나로 되돌아오기를, 사랑의 가능성에 더 깊이 나를 투신하는 용기를 언제나 내 안에서 되찾게 되기를 기도한다.

성북동 상담실에서 마음을 담아
선안남 상담심리사

c h e c k l i s t

나는 좋은 연애를 만들어나가고 있는 것일까? 그 마음을 하나하나 되짚어볼 수 있는 열 가지 키워드를 각각 세 가지 문항으로 풀어 체크리스트로 만들어보았다. 다음의 체크리스트는 나쁜 연애 때문에 마음의 지축이 흔들릴 때 우리에게 나타나는 모습들이다. 좋은 나와 좋은 네가 만나 좋은 연애를 만들어갈 수 있도록 키워드에 맞춰 내 모습을 점검해보자. 각 문항은 '아주 그렇다' 2점, '가끔 그런 편이다' 1점, '전혀 그렇지 않다' 0점으로 계산한 후 전체 점수를 합산하여 내 연애의 모습을 체크해보자.

양가감정

- 좋아하는 사람이 생겨도 고백하는 것이 두려워서 짝사랑만 반복하게 된다.
- 누군가에게 관심이 생겼다가도 상대가 적극적으로 나오면 마음이 식는다.
- 좋아하면서도 그 마음을 표현하지 못해 오히려 밀어낸 적이 많다.

적령기와 고정관념

- 적령기를 넘기면 안 될 것 같은 조급함과 두려움이 크다.
- 타인이 인정하는 틀에서 벗어나지 않는 선택을 하고 싶다.
- 주변 사람들과 나를 비교하며 자주 초조해진다.

대상 선택

- 일상의 사소한 선택도 쉽게 내리지 못한다.
- 배우자 선택에 있어 부모의 의견을 크게 고려하게 된다.
- 부모와 닮은 사람을 만나거나 혹은 절대 부모 같은 사람은 만나고 싶지 않다는 생각을 한다.

환상

- 로맨틱한 관계에 대한 환상이 많다.
- 기대했다가 실망하고 또 기대하기를 반복하는 편이다.
- 과거에 좋았던 일에 집착하게 된다.

트라우마

- 현재 연인과의 관계에 과거 연인이 주었던 상처를 끌어오게 된다.
- 연애를 하면 같은 상처가 반복된다.
- 때로는 얼토당토않은 이유로 발끈하게 된다.

연애 패턴

- 다른 대상을 만나는데도 항상 같은 방식으로 관계가 끝난다.
- 쉽게 벗어나기 힘든 내 안의 틀이 있다.
- 아니라고 생각하면서도 끌려 다니게 되는 관계가 있다.

관계 역동

- 나에게 중요한 것을 받아들여주지 않는 연인의 모습에 크게 실망하고 답답해진다.
- 관계를 악화시키는 극단적인 말과 행동을 나도 모르게 하게 된다.
- 연인을 자극하는 내 마음의 버튼이 있는 것 같다.

신뢰

- 다른 사람을 믿지 못해서 나도 모르게 시험해보게 된다.
- 연인 관계가 편안할 때에도 불안 요인을 찾게 된다.
- 상대방의 일거수일투족을 통제하고 싶은 마음이 든다.

무조건적 사랑

- 연인의 행동이 마음에 들지 않아 내 뜻대로 바꾸고 싶다.
- 나는 있는 그대로 상대에게 받아들여지기를 바라면서 나는 상대를 받아들이지 못하는 모순을 느낀다.
- 연인은 물론 주변 사람들에 대해서도 평가적인 편이다.

의존성

- 스트레스에 취약하다.
- 스트레스가 커질 때마다 연인에게 과도하게 기대게 된다.
- 힘들 때 연인이 함께해주지 않으면 예민해지고 자꾸 요구하게 된다.

0~19 초록 신호

연애에 있어서 많은 것이 순조롭고 나의 욕구와 두려움은 물론 상대의 욕구와 두려움에도 잘 초점을 맞춰가는 편일 가능성이 크다. 그럼에도 이 책을 펼치게 되었다는 것은 좋은 변화를 향한 마음속 동기가 강하다는 것을 보여준다. 그 동기를 적극적으로 활용해보자.

20~39 주황 신호

때때로 연애를 하면서 부정적인 감정에 시달리기도 하고, 반복되는 갈등 때문에 답답해지는 등 긍정적인 요소와 부정적인 요소가 뒤섞인 연애를 하고 있을 가능성이 크다. 지금까지는 이런 마음들을 그냥 지나쳤다면 앞으로는 조금 더 세심하게 살피기를 권하고 싶다. 반복적인 감정과 갈등에는 관계를 원하는 방향으로 이끌어나갈 수 있는 실마리가 담겨 있다. 어떤 키워드가 나에게 더 중요한가를 살피고 연애를 긍정적인 방향으로 이끌어나갈 실천 방향을 설정해보자.

40~60 빨강 신호

전반적으로 맺어온 많은 관계가 힘들었을 가능성이 크다. 특히 연애에 있어서는 주로 아픈 경험만을 해서 스스로를 위태롭게 여긴 적이 많았을 것이다. 부정적인 악순환의 고리를 끊고 싶은 마음에 이 책을 펼치게 되었다면 분명 좋은 실마리를 얻을 수 있을 것이다. 이제부터 다른 시작을 해도 늦지 않다. 다만, 점수가 60점에 가깝다면 부정적인 자기상과 끊기 힘든 관계 중독, 낮은 자존감이 불러온 많은 정서적·성격적 어려움에 시달릴 가능성이 크다. 이때는 심리치료와 같은 전문가의 도움을 받는 것이 필요하다.

chapter / 10

사랑이 모든 것을 구원해주지 않는다

chapter/　　01

불 안 하 고
외 로 운　만 큼
시 작 이　두 렵 다

두려움에는
이유가 있다

●   우리의 모든 언어와 몸짓에는 사랑과 두려움이 깔려
있다. 사랑은 다가가게 하지만 두려움은 뒷걸음질 치
게 한다. 두려움이 사랑을 압도할 때, 사랑을 원하면
서도 사랑으로부터 도망치게 된다. 두려움에는 이유
가 있다. 사랑에 대한 모든 두려움은 과거의 거절 경
험과 밀접하게 관련이 있다. 거절에 집중하면 두려움
때문에 더 깊이 움츠러들기도 한다. 이전에 경험한 거
절의 상처가 너무 컸기에 또 그 상처를 직면하는 것이
두려워 사랑에 엄격한 잣대를 들이대고 경직된 틀로
자신과 상대를 밀어낸다. 때로는 자신의 마음을 솔직

하게 드러내지 않으면서 상대의 소극성을 탓한다. 두려움 때문에 상대와 자신을 시험에 빠뜨리고 가장 다가가고 싶을 때 가장 피하기도 한다.

두려움은 사랑을 원하는 만큼 강해진다. 그래서 머뭇거리고 뒷걸음질 치기도 하지만 우리는 두려움에 휘둘리는 대신, 전보다 더 가까이 서로에게 다가가는 시도를 멈추지 않아야 한다는 것을 안다. 그 시도에 담긴 의미를 믿어야 한다는 것 역시 안다. 진정한 사랑은 두려움이 아닌 사랑에 집중할 때 이루어진다.

내면에 숨겨진
두려움과 욕망

서른한 살의 회사원인 재은 씨는 겉으로 보기에 멋있는 커리어우먼이다. 하지만 그녀에게는 다른 사람들이 쉽게 짐작하지 못하는 깊은 고민이 있다. 그것은 그녀가 단 한 번도 연애다운 연애를 해본 적이 없다는 사실이다.

"남자 친구를 사귀어본 적이 없어요. 주변에 친구나 지인이라고 할 수 있는 남자도 없어요. 동료는 있죠. 하지만 동료들하고도 일이 아니면 말을 섞는 일이 전혀 없어요. 그냥 남자는 다 불편해요. 서른이 되기 전까지는 연애 경험이 없다는 것에 대해 별 생각이 없었어요. 20대 중반까지는 쉽게 만나고 헤어지는 사람들보다 제가 더 낫다는 우월감까지 들었지요. 하지만 요즘엔 '모태솔로'

라는 말도 생기고 연애를 안 해본 사람들을 놀리는 분위기잖아요. 그게 너무 속상해요. 연애를 안 한 게 큰 잘못도 아닌데 수치심도 들고 정말 내게 문제가 있나 싶고 답답해요."

그녀가 연애 경험이 없다는 것을 아는 사람은 없기에 그녀를 놀리는 사람은 없다. 또한 남자 친구를 사귀어보지 않은 것이 문제가 될 것은 없다. 문제는 그녀 자신이 스스로를 부끄럽게 생각하고 있다는 데 있었다. 그녀의 수치심은 깊었다. 그리고 그 수치심은 그녀와 비슷한 성향의 친구가 최근에 결혼을 하면서 더 크게 자극되었다.

그녀의 가장 친한 친구가 첫 연애를 시작하더니 더 없이 행복해하고, 그녀에게 소홀해졌을 뿐 아니라 결혼까지 하게 된 것이다. 부케를 받고 집으로 돌아오면서 그녀는 처음으로 연애 경험이 없는 자신에 대한 깊은 수치심과 초조함을 느꼈다. 자신에게 뭔가 문제가 있는가 싶었다.

재은 씨에게 남자 친구를 사귀고 싶은 욕망이 전혀 없다면 이런 생각이 이토록 깊이 그녀를 괴롭히지는 않을 것이다. 하지만 남자 친구를 사귀고 싶은 욕망보다 남자 친구를 사귀지 못하게 가로막는 두려움이 더 컸다. 그녀는 두려움 때문에 시도조차 해보지 않은 자신을 부끄러워하고 있었다. 그러므로 "왜 남자 친구를 사귀지 않았을까?", "그리고 그것을 왜 부끄러워할까?"에 대한 그녀만의 답을 찾는 과정이 중요했다.

그녀가 남자 친구를 사귀지 않은 가장 중요한 이유는 이성 관계에 있어 소극적이다 못해 때로는 적대적이기까지 한 모습과 관련이 있다. 최근에 우연히 동창 모임에서 어렸을 때 호감을 가지고 있었던 같은 반 남자 친구를 만나게 되었다. 그 친구 또한 그녀에게 호감을 가지고 있던 터라 그 후 그는 그녀에게 자주 연락을 했다. 하지만 그녀는 연락에 소극적이었다. 그에게 관심이 없어서가 아니다. 성실하고 매너가 좋고, 무엇보다도 어릴 때부터 알고 지냈던 친구라는 점에서 신뢰감과 친근감도 있었다. 하지만 그녀는 자꾸만 망설였다.

"같이 알고 지내는 친구도 많고, 만약에 잘 안 되면 파장이 있잖아요."

이런 생각을 하다 보니 그에게 적극적으로 자신의 마음을 표현하기가 꺼려졌다. 두려움이 욕망을 앞질러간 것이다. 제대로 된 만남이 일어나기도 전에 잘못될 가능성만 크게 생각하며 두려움에 온 마음을 집중하고 있었다. 타인의 시선에 집중하느라 정작 자신의 마음이 어떤지 확신을 가지지 못한 것이다. 이렇게 그녀가 소극적인 태도를 보이며 망설이는 사이 그녀의 마음을 오해한 그 친구는 서서히 그녀에게서 멀어져 갔다.

그녀는 때로 적대적인 모습도 보였다.

"회사 후배가 저에게 관심이 있는지 자꾸만 말을 걸고, 어디가면 계속 제 옆자리에 앉는데 너무너무 싫은 거예요. 그래서 정말 쌀쌀맞게 굴었어요. 한번은 사람들 앞에서 좀 심하게 말했는데 상처를 받았는지 나중에는 아예 모르는 척을 해서 좀 난처하긴 했어요. 저도 왜 그렇게까지 심하게 말했는지 모르겠어요. 지금 생각해보면 싫었던 것도 아닌데, 저는 너무 들이대면 그냥 싫은 정도가 아니라 혐오감까지 들어요."

그녀는 남녀 관계에 있어 다른 사람보다 더 분명하고 확고한 선을 가지고 있으며 관계 설정에 있어 중간 개념이 없다. 애인도 친구도 아닌 애매한 과도기의 관계를 지칭하는 말인 '썸'이라는 표현 앞에서도 고개를 흔든다. 하지만 서로를 모르던 남녀가 함께하기 위해서는 서로의 세계를 공유하고 알아가기 위해 경계를 허물어야 한다. 그녀는 이 과정을 결코 허용하지 않았고 경계를 넘어서려는 타인의 시도에 대해 가차 없고 냉정한 태도를 보였다. 어떻게 해서든 자신의 틀을 지켜내기 위해 방어적이고 때로는 공격적이기까지 한 그녀의 특성을 보면 그녀가 과연 남자 친구를 사귀고 싶기는 한 건지 의심스럽기까지 하다.

관계에 대해 소극적이고 방어적인 것도 문제지만 그녀가 가진 더 깊은 문제는 자신의 욕망과 감정을 대하는 태도에 있다. 그녀는 스스로의 감정에 대해 무뎠다. 모든 감정에 대해서 이성적으로 판단하고 평가하는 경향이 강했기 때문에 자신의 외로움에 대해 부정적으로 인식할 뿐 아니라 다른 사람의 연애에 대해서도 유치하거나 미성숙하게 바라봤다. 연애를 하기 위한 필수 조건인 '퇴행'과 '의존'을 대하는 태도가 냉정하고 딱딱했다.

프로이트 식으로 말하자면 그녀는 초자아가 강한 사람이다. '초자아'는 마음속 양심의 목소리로, 부모의 원칙이나 사회의 규칙, 이성적인 판단을 중요한 가치로 두는 면을 말한다. 그런데 연애는 근본적으로 초자아를 느슨하게 하는 경험이고 또 초자아가 느슨해져야 가능한 관계이기도 하다. 미성숙한 아이 같은 마음을 서로 표현하고 받아주며 둘만의 마음속 퇴행 공간을 만들고 함께 즐기는 것이 연애이자 데이트 관계다. 이 관계에 진입하고 잘 즐기기 위해 일단 자기만의 틀을 풀어줄 필요가 있다.

재은 씨처럼 초자아가 너무 강하면 시작부터 힘들 수밖에 없다. 그녀는 문득 외로워질 때면 "사람은 다 외로운 것이니 스스로 버텨야 해"라고 자신을 채찍질하는 데 익숙했고 불안해질 때면 "쓸데없는 걱정을 하지 말자"며 스스로를 다그쳤다. 너무 힘들어서 누군가에게 의존하고 싶은 마음이 생기면 "그러면 안 돼"라고 스스로를 타박하기도 했다. 성취와 인정에 대한 열망도 강했기에 언제나 자신을 독립적으로 단련시켜 나가기 위해 애썼다. 덕분에 그녀는 학창시절에는 공부 잘하는 모범생으로, 사회에 나와서는 능력 있는 커리어우먼으로 인정받을 수 있었다. 그녀는 어떤 자리에서도 특유의 성실하고 꼼꼼한 태도를 보였다. 하지만 또 그랬기에 마음 깊이 외로웠다.

어느 정도의 외로움은 다른 사람을 찾게 하지만, 그녀는 자신의 외로움조차 스스로 받아들이지 않았기에 다른 사람에게 곁을 주지 않았다. 다른 한편으로는 스스로 지켜왔던 감정의 둑이 무너질까 봐 두려운 마음도 컸다. 독립적으로 살아가려 노력하면 할수록 더 외롭고 힘들어지지만 이 외로움을 누군가와 나누기는 더 어렵고 두려워지는 것이다.

또한 그녀는 스스로에게 엄격한 만큼 연애할 대상을 고르는 안목 역시 너무 엄격했다. 그만큼 흔들리지 않는 자아상과 주관을 가진 괜찮은 상대를 만나기를 원했던 것이다. 하지만 여자에게 관심을 보이며 다가오는 남자의 모습에 이미 적대적인 그녀가 누군가를 쉽게 만나기는 어려웠다. 상대의 그 어떤 구애의 몸짓도 그녀의 눈에는 유치해 보일 뿐이었다. 누군가를 받아들이기 위해 자신의 틀과 경계를 느슨히 하고 곁을 내어주는 여유가 필요했다.

✦

자신을 내려놓을 때
관계는 시작된다

✦

상담을 통해 재은 씨의 마음을 객관적으로 살펴보니 그녀는 자신이 생각했던 것보다 더 긴장되고 경직된 모습으로 관계를 평가하고 있었다.

"절대로 망가지지 않고 거절당하지 않고 또 남의 입에 오르내리지 않는 연애를 한다는 건 불가능한 건데 제가 그걸 원하고 있었네요. 몸에 물을 묻히지 않고 수영을 하겠다고 하는 것처럼 말이에요."

그녀의 마음이 좀 풀리긴 했지만 이런 태도를 가지게 된 근본적인 문제를 찾지 않으면 변화는 쉽지 않다. 그녀는 왜 이렇게 연애에 경직된 태도를 가지게 된 걸까?

자라온 환경은 가치관 형성에 큰 영향을 미친다. 재은 씨의 경우 엄마와 언니의 경험이 연애관과 자아관에 영향을 미쳤다. 먼저 그녀에게 가장 큰 영향을 준 사람은 엄마였다. 그녀가 세 살이 되던 무렵 아빠가 갑자기 사고로 돌아가셨기 때문에 부모의 결혼 생활이 어땠는지는 알 수 없다. 하지만 그렇지 않아도 불안이 크고 매사에 부정적인 관점을 가지고 있었던 엄마는 홀로 두 딸을 키우며 자신의 충격과 불안을 가감 없이 딸들에게 전가시켰다. 재은 씨의 엄마는 두 딸을 바르고 올곧게, 그리고 안전하게 키우는 데에 총력을 기울였다. 그러면서 여자로 산다는 것은 음흉한 남자들의 변덕스럽고 미심쩍은 욕망의 피해자가 되기 쉬움을 자주 강조했다.

이렇게 불안에 취약하고 비관적인 엄마의 영향력 아래에서 살아온 딸들은 보통 크게 두 가지 마음을 발달시키게 된다. 하나는 엄마의 불안과 비관성을 그대로 답습하는 것이고, 다른 하나는 그런 틀을 갑갑하게 여겨 그 반대 방향으로 나아가는 것이다. 재은 씨는 엄마의 불안을 그대로 답습하며 자랐다. 그녀는 엄마가 설정한 좁은 틀과 높은 기준을 벗어나지 않으려 노력하며 언제 어디서나 모범생이라는 소리를 들었고 모든 일에 신중했으며 자신의 욕망을 절제하는 방법을 굉장히 어렸을 때부터 터득해왔다.

엄마의 기준과 틀로 인해 안정감을 느꼈던 재은 씨와는 달리 그녀의 언니는 그 기준을 갑갑하게 여겼다. 원하는 것은 억압하기보다 당장 추구하기를 원했고 자신의 욕망에도 솔직했다. 언니가 커갈수록 엄마의 단속은 더 심해졌고 그럴수록 언니는 더 엇나갔다. 둘의 갈등을 지켜보며 재은 씨는 항상 조마조마했다. 결국 언니는 이른 나이에 한 남자를 만나 결혼했으나 지금은 이혼을 해 싱글맘으로 살고 있으며 엄마는 언제나 언니를 부끄러워했다.

재은 씨는 겉으로는 언니 일에 무심한 듯했지만 속으로는 세심히 살폈다. 엄마와 언니의 삶은 생생한 삶의 샘플이 되었다. 엄마와 언니는 남자에게 보호받지 못하면 결국에는 홀로 삶을 감내해야 한다는 것을 보여준 것이다. 재은 씨는 남자라는 존재에 대해 막연한 공포감과 두려움을 가지게 되었고 자연히 누군가의 삶에 자신의 삶을 포개는 안정적인 남녀 관계를 상상하기가 힘들었다.

어린 시절 가지게 된 상처는 우리를 경직된 사고와 틀에 가두게 된다. 경험이 마음의 틀을 만들어주기도 하지만, 한 번 강하게 형성된 마음의 틀은 경험을 바라보는 방식을 경직시킨다. 틀을 뒤집어주는 경험 앞에서도 기존에 가지고 있던 틀을 강화시키는 단서에만 초점을 맞추게 되는 것이다. 사랑에 기댈 수 없다는 생각을

가진 사람에게는 사랑에 기대도 괜찮다는 경험적 증거보다도 왜 사랑에 기대서는 안 되는지를 보여주는 일들이 더 깊이 다가온다. 충분히 다른 경험을 할 수 있는 관계에서도 같은 경험을 반복하고 있는 자신을 만나게 되는 것도 이런 이유다.

틀을 벗어나지 않으면 과거에 경험한 상처로부터 스스로를 지킬 수 있을 것 같지만 이런 안전함은 상처를 극복할 수 있는 새로운 가능성을 허락하지 않는다. 재은 씨가 가지고 있는 관계에 대한 부정적인 인식은 관계가 주는 상처 경험으로부터 그녀를 지켜줄지는 몰라도 새로운 관계를 만들어나가는 것은 방해한다.

그녀도 흔들릴 때가 있고 언제부터인가 남자 친구가 없는 것이 커다란 결핍처럼 느껴지기도 했다. 자신의 욕망과 두려움을 자신의 것으로 받아들일 수 없으면 마음은 위축되고 스스로가 부끄러워진다. 남자 친구를 사귀고 싶은 마음도, 남자 친구를 사귀기 두려운 마음도 모두 그녀의 것이다. 앞으로 누군가를 만나든 만나지 않든, 그녀는 일단 자신의 마음과 솔직하게 만나고 화해하는 것이 필요하다. 아무리 강하고 단단한 사람이라고 해도 누군가를 원할 수 있고 원하면서도 두려워할 수도 있다는 것을 받아들이고 타인을 향해 조금 더 마음을 열 필요가 있다.

마음을 바로 보는 것부터
시작한다

엄마들은 딸들을 위해 자신이 옳다고 생각하는 것을 말하지만 엄마라고 해서 바른 말만 하는 것은 아니다. 또 누군가를 위해서 한 말이 반드시 긍정적인 방향으로 작용하는 것도 아니다. 재은 씨는 자신의 과거와 마음을 들여다보는 과정을 통해 남녀 관계에 대한 부정적인 관념이 엄마의 불안과 공포를 그대로 답습하고 있음을 알고 크게 놀랐다. 자신의 것이라고 생각했지만 사실은 아무 생각 없이 받아들인 타인의 것이었다. 그 타인이 자신에게 소중한 존재든 아니든, 다른 누구의 삶이 아닌 자신의 삶을 살아야 한다. 타인의 관념을 그대로 답습하며 사는 것만큼 메마르고 무미건조한 삶의 방식은 없다. 삶을 보다 생생하게 살기 위해서는 나의 욕망과 두려움을 숙고하고 반영한 끝에 자신만의 선택을 하고 그 결과에 내가 책임을 지는 삶을 살아야 한다. 그녀가 스스로에게 느끼는 불편감과 부끄러움은 타인의 욕망과 두려움에 맞춰져 자신의 삶을 살지 못하고 있는 것이기에 이제 그녀는 자신의 마음에 맞춘 선택을 하는 연습을 해나갈 필요가 있다.

두 달간의 상담을 마치며 그녀는 예전처럼 자신을 몰래 부끄러워하지 않는다고 했다. 자신의 마음을 솔직하게 이야기하며 스스로를 더 받아들이게 되었기 때문이다. 그리고 자신의 미래를 위해 세 가지 방향을 그리게 되었다.

첫째, 엄마의 영향력에서 벗어난다.

처음에는 남녀 관계에 대한 고민을 안고 상담을 시작했지만 사실 그녀에게 가장 중요한 마음의 이슈는 '부모로부터의 독립'이다. 보통 의식과 자아가 발달하는 사춘기 즈음부터 마음의 성장은 '자아정체감 획득→부모로부터의 독립→친밀한 관계 형성'으로 나아간다. 나에 대해서 알고, 부모로부터 심리적이든 경제적이든 독립을 하고 난 이후에야 '나'와 '너'가 만나는 친밀한 관계인 '우리'가 건강하고 탄탄한 모습으로 만들어질 수 있다. 남자 친구를 사귀는 것에 소극적이고 적대적인 관념을 가지고 있었던 그녀는 사회 활동은 유능하게 해나가지만 친밀한 관계에 있어서는 엄마에게 의존하고, 엄마의 불안과 두려움을 그대로 받아들이는 어린 아이와 같은 마음에 머물러 있었다.

이런 자신의 모습을 직면하게 된 재은 씨는 엄마의 생각과 자신의 생각을 분리하고 관계에서 부정적인 것을 먼저 상상하는 습관을 버릴 수 있게 되었다. 엄마로부터 진정한 독립을 감행하기 시작한 것이다. 그리고 이와 관련된 가장 중요한 발걸음으로 그녀는 소원해졌던 언니와의 관계를 회복하기로 했다. 언니에 대한 마음 또한 자신의 마음이 아닌 엄마의 마음을 그대로 답습한 것을 알게 되었다.

"생각해보면 제 생각대로 언니를 대한 것이 아니라 다른 어른들이 하는 이야기를 그대로 받아들였어요. 어떻게 살든 언니는 제 언니이고, 언니는 언니 나름대로 삶을 선택해서 열심히 살고 있는데요."

엄마로부터 독립해가기 시작하면서 그녀는 점점 자기 내면에 자리 잡고 있던 부정적이고 평가적인 시선으로부터도 자유로워졌다.

둘째, 내 욕망에 솔직해진다.

그녀는 자신의 욕망에 대해서도 솔직해지기로 했다. 누군가의 모습에 대해 "유치하다"라고 내뱉던 말에는 "부럽다"라는 속마음이 담겨 있다. 자신이 하지 못하는 것을 하는 사람을 사실은 부러워하고 동경하면서도 일부러 평가하고 밀어내고 있었다.

"지금까지 저도 마음이 있었던 남자가 아예 없었던 것은 아니에요. 하지만 마음이 있다는 것을 인정하기가 왜 그렇게 힘들었을까요. 이제는 다른 사람들 눈치 보고 자존심 세우느라 스스로에게 솔직하지 못하는 건 그만 하고 싶어요."

원하면 원한다고 보다 솔직하게 이야기하고, 그 이야기를 하기까지 망설이고 뒷걸음질 치는 시간을 줄여나가겠다는 것이다. 이성과의 관계뿐 아니라 다른 관계에서도 두려움에 휘둘리고 사로잡혀 있는 시간을 줄여나갈 수 있다면 그녀는 보다 건강한 방식으로 자신이 원하는 관계를 만들어나갈 수 있을 것이다.

셋째, 처음부터 거부감을 가지지 않는다.

그녀는 위험을 예상하고 비관적인 상상을 하느라 망설이고 제지하는 마음에서 벗어나 조금 더 용기를 내고 불편해도 한발씩 앞으로 나아가보기로 했다. 스스로에게 더 많은 기회를 주겠다는 것이다.

"아직까지는 낯선 사람을 만나는 건 정말 부담스럽지만 그래도 처음부터 방어를 하지 않기로 했어요. 선입견을 가지지 않고 적어도 두세 번은 만나려고 해요."

누군가를 제대로 알아가는 데에는 시간이 걸린다. 단정 짓기와 평가하기를 내려놓으면 우리는 타인에 대해서뿐 아니라 자기 자신에 대해서도 더 잘 알아가게 되는 기회를 얻게 된다. 내 안의 나와 보다 긍정적이고 편안한 관계를 맺어가면 타인과의 관계도 보다 편안해진다. 단번에 단정 짓지 않고 더 많이 만나보겠다는 이야기가 타인에게는 물론 자기 자신에게도 더 많은 기회를 주고 싶다는 말로 들렸다.

그녀의 위기와 변화는 남녀 관계의 문제가 그저 남녀 관계의 문제만을 의미하지 않는다는 것을 보여준다. 관계의 문제는 언제나 자신의 성격 중 막혀 있는 지점을 자극한다. 그 문제를 해결하는 과정을 통해 우리는 보다 성숙되어 간다.

재은 씨는 엄마의 그늘에서 벗어나 자유롭지만 위험할 수도 있는 시도를 해보겠다고 했다. 또 딱딱한 경계를 느슨하게 하고 평가적인 시선에서 자유로워져 욕망에 보다 충실해지기로 했다. 그전까지는 '나'라는 견고한 성을 수비하는 데 초점을 맞추었다면 '우리'의 가능성을 위해 누군가를 자신의 성으로 초대하기로 한 것이다. 물론 사람은 쉽게 바뀌지 않는다. 하지만 그 성을 조금씩 열어가려는 시도를 한다면, 다양한 마음들이 그녀의 마음을 두드리고 전보다 더 생생하고 행복하게 살 수 있을 것이다.

프 로 이 트 의 통 찰 로
내 마 음 돌 아 보 기

재은 씨처럼 사랑에 경직되고 왜곡된 인식 때문에 두려움에 휘둘리
게 된다면 프로이트의 통찰을 활용해 내 마음을 돌아볼 필요가 있다.

∴ 무의식을 의식화한다

무의식의 힘은 세다. 무의식이 야생마라면 우리는 말몰이꾼이나
다름없다. 변화를 위해 노력하다가도 잠깐 의식의 끈을 놓치면 무
의식은 익숙한 방향으로 우리를 데려간다. 그래서 프로이트는 무의
식을 의식화하는 정확한 해석과 통찰의 중요성을 강조했다. 무의식

을 의식화하면 무의식이 힘을 잃는다는 것이다. 즉, "내가 왜 그러는 가?"에 대해 보다 확고히 통찰할수록 모호한 관성과 과거의 힘에 휘둘리지 않는다.

이런 통찰을 연애에 적용해보자. 연애에 대한 마음속 전제를 잘 들여다보면 전에 어떤 경험을 해왔고, 어떤 경험에 집중해왔는가를 알 수 있다. 그 전제는 남자 또는 여자에 대한 인식, 관계가 어떻게 펼쳐질까에 대한 인식과 관련이 있다. 관계에서 무심코 반복하는 행동과 그 밑에 깔린 감정, 그리고 그 감정과 긴밀하게 연결된 생각을 그냥 흘려보내지 말고 유심히 관찰해보자. 그러면 자신의 삶에 대해 가진 무의식적인 태도, 사랑과 연애에 대한 인식을 보다 분명히 할 수 있다.

심리상담에서는 이런 인식을 보다 구체적으로 살피기 위해 '문장완성검사'를 활용하기도 한다. 이 역시 의식적인 답변을 토대로 한 것이기 때문에 무의식까지 접근해가는 데에는 한계가 있다. 하지만 관계에 대한 내 안의 전제를 살피는 데에는 도움이 된다.

예를 들어, 누군가가 "남자는 <u>폭력적이다</u>", "나는 아빠를 좋아했지만 <u>엄마를 때리는 것은 싫었다</u>", "결혼 생활에 대한 나의 생각은 <u>하면 무조건 여자가 손해라는 것이다</u>"라고 답변했다고 하자. 이런 몇 가지 단서의 조합으로 그 사람이 어떤 경험을 해왔고 남녀관계에 대해 어떤 전제를 가지고 있는지 어느 정도 짐작해볼 수 있다. 아마도 그(녀)는 남성의 폭력성과 공격성에 대한 두려움이 클 수밖에 없는 경험을 했고 사랑을 하면서 그 경험들에 가로막히는 것 같은 순간을 마주하게 될 가능성이 있다. 단순히 머리로 아는 것에 그치는 것이 아니라 자신의 두려움을 만나고 이를 극복해가는 과정이 무의식을 의식화하는 과정이다. 무의식에 휘둘리지 않아야 보다 의식적이고 확고하게 사랑으로 가는 길을 걸을 수 있다.

∴ 경험을 재구성한다

사람들은 의외로 소수의 관계만을 기반으로 관계 각본을 정하고, 자신에게 영향을 미쳤던 과거 사람의 행동과 그 행동에 상처받았던 나의 과거 마음을 토대로 현재 내 앞에 있는 사람의 행동을 판단하는 경향이 있다. 말하자면 소수의 좋지 않은 샘플만 보고 관계에 대한 결론을 도출하고, 과거에 나빴던 경험을 토대로 현재의 나와 대상에게 잘못된 인식을 덮어씌우는 것이다. 게다가 그 경험이 좋지 않았던 것이지 그때의 내가 나빴던 것이 아님에도 과거의 좋지 않은 경험을 이유로 내가 모자라거나 나쁘거나 별로였다고 판단하게 된다면 나 자신에 대한 수치심과 죄책감이 사랑에 대한 두려움을 더 크게 자극한다. 이런 생각과 인식의 소용돌이 속에 있다 보면 자신에게 허락된 사랑의 가능성에 자신을 내어주지 못하게 된다. 그럴수록 과거의 경험으로 더욱 파고들고 상처의 악순환은 반복된다. 그러면서 과거에 그랬듯, 앞으로도 행복한 관계를 할 수 없을 것이라고 단정지어버린다. 과거는 이미 지나간 일이기에 바꿀 수 없는 일이라고 해도 지금 내가 한 선택이 현재는 물론 미래를 바꿀 수도 있다는 사실을 놓치게 되는 것이다.

심리치료에서 과거의 상처 경험을 세밀히 살피고 묻게 되는 이유는 정체된 과거의 감정과 왜곡된 자기인식, 불편해진 관계 패턴을 깨고 새로운 관점에서 다시 보기 위해서다. 언제나 그 시작점은 현재가 아닌 과거에 있다. 과거가 아무리 부정적이었다고 해도 매 순간 자신의 경험을 구성해나가고 새로워짐으로써 달라질 수 있다. 그러니 나의 관계 패턴을 돌아보고 이 경험들을 재구성하는 과정, 내 마음에 고여 있는 응어리를 풀어주는 과정은 반드시 필요하다. 과거의 경험조차 현재의 인식을 토대로 재구성할 수 있다. 현재를 새롭게 선택할 수 있고 과거를 새롭게 재구성할 수 있고 미래를 새롭게 상상할 수 있는 우리 안의 힘을 더 믿어보자.

∴ 이드, 자아, 초자아의 사이에서 균형감각을 가진다

본문에서 소개한 재은 씨는 초자아(도덕이나 양심에 따라 행동할 수 있게 하는 정신 요소)가 강한 사람이었다. 그랬기에 책임감도 있고 주어진 일을 끝까지 잘 수행해내는 근성도 있다. 이를 토대로 그녀는 언제, 어떤 상황이든 통제력을 가지고 반듯하게 행동했다. 하지만 좋은 특성이라고 해도 지나치면 독이 된다. 그녀는 이런 특성이 너무 강했기 때문에 삶이 무미건조했다. 일상에 즉흥적으로 펼쳐지는 일, 사소한 농담을 하는 관계, 효율적이지는 않지만 그 자체로 재미있는 활동에 자신을 내어주지 않았다. 이런 딱딱함 속으로 연애가 비집고 들어올 틈은 없었다.

근본적으로 연애는 쾌락원리에 따르는 이드(인간 정신의 밑바닥에 있는 원시적·동물적·본능적 요소)의 잔치다. 연애를 한다는 것은 함께 풀어지고 재미있는 활동을 하며 삶의 긴장감을 푸는 시간을 공유하는 것과 다름 없다. 재은 씨는 이런 면을 유치하다고 판단하면서도 한편으로 부러워했다. 극단적으로 양가적인 감정과 욕망을 품고 있는 것이다. 이 극단성을 인정하고 통합해나갈 필요가 있다. 프로이트는 현실원리를 따르는 자아가 초자아와 이드 사이의 균형을 잘 맞춰주고 이들 사이에서 일어나는 긴장감과 균열을 조정해내는 자아의 힘이 강한 사람일수록 건강한 사람이라고 보았다. 망아지처럼 날뛰는 이드도, 엄숙한 표정으로 평가하는 초자아도 균형감각을 가진 자아의 설득과 조정으로 한계와 의미를 동시에 펼치게 된다.

어른이 되어버린 이상 원한다고 모두 펼칠 수 있는 것도 아니고 그래서는 안 되는 순간도 있지만, 어른이 된 자신에게 기꺼이 허락된 유희가 연애이다. 이런 연애를 잘하기 위해서는 밖의 대상들과 균형을 이루는 것도 중요하지만 그전에 우리 내면에 있는 이드, 자아, 초자아 모두와 균형을 이루는 것이 중요하다.

chapter 02

급하다고 아무나
사랑할 수 없다

결혼 적령기와 고정관념,
사랑을 둘러싼
사회의 강요

●　　　　사랑은 현실의 바탕 위에서 이루어진다. 이 말은 사적
인 관계가 결코 사적인 감정과 욕망에 기초한 의지로
만 유지되는 것이 아니라는 것이다. 둘의 사적인 관계
를 둘러싼 많은 공적인 지침과 현실이라는 이름으로
제시되는 압박감은 사랑하는 사람을 만나기 훨씬 전
부터 마음속에 어떤 틀을 만들었다. '사회화'라는 이름
으로 몸담고 있는 사회의 틀을 마음으로 '내면화'했다.
사회의 틀과 기준, 잣대가 어느 순간 많은 선택에 관
여하며 우리를 어떤 방향으로 이끌고 있는 것이다. 사
랑도 예외는 아니다. 관계를 시작하고, 유지하고, 이

별하기를 결정하게 하는 커다란 내적·외적 압력 속에서 매일 어떤 결정을 강요받게 된다. 마음을 흔드는 많은 압력 가운데 가장 큰 것이 '적령기'와 '성역할 고정관념'이다.

많은 사람들이 30대가 되면 어느 정도 결혼 생활의 현실적 한계를 알고 있다고 자부한다. 하지만 그럼에도 불구하고 이전보다 더 나은 선택을 하는 것도 아니다. 그 이유는 "서둘러 결혼해서 정착하라"는 압박감을 지나치게 내면화했기 때문이고, "안다"고 하면서도 사실은 알지 못하는 것이 많기 때문이다.

적령기에 대한 압박감은 남성보다 여성에게 더 강력하게 작용하지만 남성 역시 자유롭지는 않다. 압박감은 전이가 빠른 감정이기 때문이다. 관계 속에 있는 두 사람 중 한쪽이 압박감을 느낀다면 그것은 자연히 한 사람의 문제가 아닌 관계의 문제로 떠오르게 된다. 이런 내적·외적 압박을 느끼며 관계는 탄탄해지기도 하고 와해되기도 한다. 그래서 관계가 어떤 압박감을 견뎌내고 있으며 이를 견뎌내는 힘이 얼마나 탄탄한가를 자주 점검하고 소통하는 것이 필요하다. 무엇이든 '함께'할 수 있다면 압박감의 내용이나 크기는 중요하지 않을지도 모른다. 위기가 관계를 탄탄하게 하는 것은 '함께'를 실현할 수 있기 때문이니 말이다.

여성성과 남성성의
경직된 관념

올해 서른네 살인 미희 씨는 프러포즈를 하지 않는 남자 친구 때문에 답답하고 속이 터진다. 30대 초반에 접어들 때까지만 해도 그녀에게 연애는 언제나 원하면 할 수 있는 것이었다. 아쉬울 게 없었고 원해도 원하지 않은 척 뭉그적거리고 있으면 언제나 상대방이 더 관계를 유지하는 데에 열성적이고 적극적이었다. 하지만 서른셋에서 넷으로 넘어가는 시기에 만난 이번 남자 친구는 달랐다. 어쩐지 자신보다 남자 친구가 아쉬울 게 없다는 느낌이 들었고 남자 친구 역시 별로 적극적이지 않았다. 그녀는 언제나 기다리는 입장이었지만 이를 표현하는 것도 자존심이 상했다.

"왜 이렇게 힘든 상대를 골랐나 싶어요. 연락이 뜸해지면 먼저 헤어지는 상상을 하는데 막상 만나면 남자 친구는 원래 이런 사람인데 나 혼자 상상의 나래를 펼쳤구나 싶어요. 그런데 또 자존심이 상해서 제 얘기는 안 하죠. 그냥 저 스스로에게 짜증이 나요."

그녀는 남자 친구가 자주 연락해주기를 원했다. 하지만 그전까지의 모든 관계에서 자신의 진심을 있는 그대로 표현하기보다는 상대의 반응을 기다리거나 원하는 것을 에둘러 말하는 데에 익숙했다. 그녀는 적령기와 성역할 고정관념이라는 인습에 메어 있다. 결혼 적령기를 넘기면 안 된다는 인습에 집착했고 또 여자는 남녀 관계에서 적극적이면 안 된다는 인습에 갇혀 있다. 하면 안 되는 두 가지 마음의 틀이 그녀를 힘들게 했다.

그녀의 남자 친구는 무딘 편이었지만 잘 살펴보면 그녀가 원하는 대로 조금 달라지기도 했다. 혼자 있는 시간을 더 좋아했지만 그녀를 위해 꼬박꼬박 연락도 해주었고 자신에게 주어진 시간을 되도록 그녀와 보내기 위해 애쓰는 모습도 보였다. 그렇다고 해도 안심할 수는 없는 날들이 연애 기간 내내 이어졌다. 만난 지 1년이 다 되어가고, 혼기가 찼다고 생각하는 나이가 된 그녀는 남자 친구가 프러포즈해주길 기다렸지만 남자 친구에게는 그럴 기미가 안 보였다.

"저와 결혼을 생각하고 있는지 프러포즈는 언제 할 건지 궁금하고 이런 걸 제가 먼저 생각하고 있다는 게 너무 짜증이 나요."

그녀는 프러포즈는 당연히 남자가 해야 하고 여자는 표현하기보다는 수동적이고 순종적으로 받아주는 쪽이어야 한다는 성역할 틀이 강했다. 여성성과 남성성에 대한 시대착오적이고 경직된 발상으로 인해 원하는 것의 범위도 제대로 지정하지 못하고 원한다고 말하는 방식도 왜곡되어 있다.

이렇게 결혼을 한다고 해도 그 후에 나타나는 고부 갈등과 육아 문제, 가사분담 문제에 부딪치게 될 가능성이 크다. 모든 것은 서로 다른 시각과 사회적 압력, 그리고 마음의 틀에 묶여 모든 것을 솔직하게 이야기하지 못하는 불통의 문제 때문이다. 남성성과 여성성에 대한 관념이 경직되어 있고 왜곡된 욕구들로 충돌하게 될수록 관계는 더욱 어렵다. 그렇다고 해서 미희 씨가 택해온 '수동성'을 마냥 탓할 수 없다. 어떤 행동을 반복하는 데에는 이유가 있고 데이트 관계는 본질적으로 여성스러운 부분과 남성스러운 부분을 더 강조하게 되는 관계이기 때문이다. 데이트 관계에서 자신의 여성성과 남성성을 강조하게 되고 또 강화받게 되는 경험을 한다. 사랑하는 연인을 만나고 나서야 진정한 남자가 되고 또 진정한 여자가 된다. 다만 서로의 관계를 한 여자와 한 남자의 만남으로 고정시킨다면 역할에 갇힌 사랑은 압박으로 변질된다. 그런 관계에서는 진심을 이야기하기가 어렵다. 성역할 틀은 사랑의 큰 방해물이다.

사회적 압박과
결혼 적령기

성역할 고정관념의 한 부분이기도 하고 성역할 고정관념만큼이나 큰 압박감을 주는 것이 바로 적령기를 둘러싼 관념이다. 이 압박은 생각보다 크게 작용해서 자신이 기존에 가지고 있던 사랑관이나 가치관에 잘 부합하지 않는 사람과 단지 나이가 찼다는 이유로 서둘러 결혼을 결심하는 사람들을 많이 보게 된다. 그런데 그렇게 타인의 시선에 휘말려 인생의 가장 중요한 결정 중 하나를 하게 된다면 결국 삶과 사랑은 결혼이라는 큰 덫에 걸리게 된다. 올해 서른여섯 살인 지연 씨는 하마터면 그럴 뻔했다.

지연 씨는 당당하고 능력이 있는, 말하자면 '골드미스'였다. 능

력도 출중하고 외모도 예쁜 편이었기 때문에 주변에서는 그녀가
시집을 '못' 가는 것이 아니라 '안' 가고 있다고 생각했다. 그런데
정작 그녀 스스로는 서른여섯 살에 미혼인 자기 자신을 받아들이
지 못하고 있었다. 그녀는 서른 살 전에 결혼하기 원했고 자신에
게 능력과 가능성이 있을지라도 결혼 후에는 되도록 일을 하고 싶
지 않았기 때문이다. 지연 씨가 가진 결혼에 대한 이미지는 남편
과 자녀를 뒷바라지하는 전통적인 아내의 모습에 가까웠다. 하지
만 이런 생각조차 다른 사람에게 쉽게 이야기할 수 없었다. 현대
여성을 둘러싼 또 다른 기대와 압박이 있기 때문이다.

지금 사회에서 널리 수용되고 있는 좋은 여성상은 하나로 규정
하기 어려운 복잡한 얼굴을 하고 있다. 좋은 아내이자 엄마뿐 아
니라 멋진 커리어우먼으로서의 압박도 동시에 받고 있다. "결혼
을 하지 않고 내가 나를 부양하며 살겠다"는 포부도 온전히 환영
받지 못할 때가 많지만 "현모양처가 꿈이다"는 고백도 웃음거리가
될 수 있는 분위기에서 살고 있다. 이런 이중의 압박으로 인해 많
은 여성들은 가정을 돌보는 전통적인 여성상을 마음속에서 완전
히 버리지 못한 채 커리어우먼의 삶이라는 트랙을 함께 돈다.

한 가지 트랙을 잘 도는 것도 힘든 상황에서 두 가지 트랙을 동
시에 잘 도는 것은 참 힘들다. 사회 문화가 많이 바뀌고 진화하면

서 전통적인 남성상과 현대적인 남성상 역시 달라지기는 했지만 남성들은 전통적이든 현대적이든 관계와 성취가 따로 간 적은 없다. 오히려 남성들에게는 사회적인 성취가 관계를 질적이든 양적이든 풍부하게 해주었다. 남성들은 자신이 성취에 심취한다고 해서 그 결과 여성들에게 인기가 없어질지도 모른다는 걱정을 하거나 결혼을 못할까 봐 전전긍긍하지 않는다. 이런 마음이 현대로 오면서 훨씬 복잡한 양상을 띠고 있기는 하지만 적어도 남성들은 여성들보다 결혼에 대한 나이의 압박, 일과 결혼을 양립하기 어려운 문제에 대한 고민에서 여성들보다는 자유로운 편이다.

반면 여성들은 "여자라도 남자 못지않게 해낼 수 있다(혹은 해내야 한다)"와 "원한다면 다 해내라(그러기 위해서는 많이 노력해야 할 수는 있지만)"는 메시지가 담긴 교육과 문화적 분위기에서 자라왔다. 그러는 동시에 결혼을 하지 않거나 아이를 낳지 않은 여성에 대한 교묘한 핸디캡을 적용하는 시선과 압박 역시 사라지지 않았다. 그래서 지연 씨는 골드미스에 대한 미묘한 칭송과 조롱이 섞인 이중, 삼중의 메시지를 해독하며 감정 조절과 스트레스 관리는 물론 성취에 대한 내적·외적 압박감도 견디며 살아야 했다. 그녀가 의식했든 의식하지 못했든 이런 압박감은 우리가 사는 공기 중에 떠 있다. 게다가 지연 씨는 '현모양처'라는 꿈조차 내적·

외적 검열을 필요로 했다.

그녀는 자신을 둘러싼 사회의 메시지가 주는 압박감과 내면에서 충돌하는 상반된 메시지들에 혼란을 느꼈다. 그러면서도 지금의 남자 친구를 만나기 전까지는 싱글인 자신의 시간을 변명하기 위해 일이라도 열심히 해야 했다. 그렇게 오랫동안 자기만의 혼란과 욕구를 가지고 있었던 그녀에게 남자 친구가 생겼다. 그녀는 드디어 결혼을 상상해볼 수 있는 연애를 하기 시작했지만 그로써 모든 문제는 끝나지 않았다. 오히려 그전까지 모호하게만 품고 있던 삶의 과제가 보다 구체적으로 떠오르면서 고민이 더 많아졌다.

"처음에는 너무 기뻤지요. 안도감이 컸어요. 남자 친구는 아직 경제적으로 준비가 안 된 상태라고 했지만 상관없었어요. 제가 그런 조건을 따지는 것도 아니고 제가 벌면 된다고 생각했어요."

그러나 처음에는 순조로웠던 남자 친구와의 관계는 점점 삐걱거리기 시작했다. 그러면서 그녀는 큰 불안과 혼란을 느꼈다. 남자 친구와 갈등하며 마음이 힘들어질 때마다 그녀가 그전까지 모든 문제를 해결하는 열쇠라고 생각했던 남자 친구와의 결혼이 모든 문제의 시작이라는 것을 알게 되었다. 이제 그녀는 자신의 혼란과 욕망, 두려움을 더 실제적으로 마주해야 했고 자신의 양가적

인 생각들과 복잡한 감정들을 잘 정리해야 하는 과제에 직면했기 때문이다.

"이상하죠. 그전에는 결혼하면 일을 쉬고 싶다는 생각을 했으면서 남자 친구가 실직을 하면 내가 벌면 된다고 생각하다니…. 남자 친구가 큰 안식처가 되어주길 그렇게 기다려왔으면서 정작 남자 친구가 저에게 안식처가 되어주지 못하더라고요. 그런데 그걸 알면서도 일단 결혼만 하자, 이런 마음이 드는 저도 제가 이해가 안 돼요."

실체와 대상이 없는 모순된 욕구와 양립 불가능한 생각과 혼란스러운 감정들을 투사할 구체적인 대상이 나타났다. 참 오래 기다렸기에 지금까지 묻어두었던 많은 욕구와 감정을 그를 향해 던져보지만 언제나 마음은 공허하다. 더구나 대상을 기다리던 시기에 그녀가 마음속에 키워오고 묻어놓은 욕망 역시 일관성이 없었기에 자신의 욕망이 현실화될 수 없다는 불편한 진실에 더 혼란스러워졌다.

지연 씨는 결혼을 해야 한다는 압박감 때문에 남자 친구가 자신의 욕망을 담아주지 않고 때로는 일부러 그녀의 욕망을 좌절시킨다는 사실을 무시한 채 결혼을 감행하려고 했다. 하지만 그러다

보니 점점 관계에 대한 확신은 사라지고 불안감만 커졌다. 또 그
럴수록 남자 친구에 대한 불만도 커져갔다.

내가 무엇을 원하는지가
가장 중요하다

지연 씨가 남자 친구와 갈등하면서 견디기 힘든 것은 남자 친구가 자신을 무시하는 태도를 보이기 때문이다. 다른 면에서는 당당한 자신이 남자 친구 앞에서는 쩔쩔매게 되는 것을 스스로도 받아들일 수 없다는 것이다. 그녀보다 두 살 적은 남자 친구는 결혼을 원하는 그녀의 마음을 알고 그녀를 함부로 대했다. 사랑 안에서 보호받고 존중받고 싶은 그녀의 마음이 무시되는 것이다. 다른 어떤 것보다 말을 함부로 하는 그의 모습 때문에 그녀는 깊이 상처를 받았다. 그러면서 자신의 마음속 모순 때문에 더 힘들었다. 원했던 것, 좋은 관계에 대한 이상을 지금 남자 친구의 모습에 대입해보기 힘들지만 그럼에도 이 관계를 놓치면 결혼을 할 수 있는 기회가 또 언제 찾아올지 모르는 불안감 때문에 그동안 자신이 결혼을 생각하며 그려왔던 많은 그림들을 포기해야 하는 상황에 놓인 것이다. 자신에게 느끼는 불일치와 모순만큼 마음을 힘들게 하는 것은 없다. 그녀는 내적 욕구에 주목해야 한다는 것을 알고는 있지만 외적 압력을 무시할 수 없었다.

어떤 선택을 하든 모든 것을 얻을 수는 없다. 지연 씨가 압박감과 편견의 틀에 묶여 결혼을 해야 한다는 목표에 집착하는 한, 결혼을 하고 난 후 자신의 욕망이 전혀 반영되지 않는 현실을 감당해야 하는 시기가 찾아올 수밖에 없다. 그녀는 지금 당장 잃을 것(결혼을 약속한 관계에 있다는 안도감과 결혼이라는 과제)을 걱정한 나머지, 무엇을 얻고 싶은가(자신이 원했던 관계와 충족되기를 원하는 욕망)를 포기하려 하고 있다.

좋은 선택은 잃을 것과 얻을 것을 균형적으로 바라볼 때 이루어진다. 하지만 사랑에 있어서 좋은 선택은 "무엇을 피하는가"가 아닌 "무엇을 원하는가"를 기반으로 이루어져야 한다. 언제, 어디에서, 누구를 만나 사랑하든, 사랑은 외적 압력이 아닌 내면의 욕구에 집중해야 현실화될 수 있기 때문이다.

지연 씨는 이 문제를 놓고 오래 고민했다. 자신의 여성상과 남녀 관계에 대한 이상, 그리고 그 이상에 담긴 환상과 두려움에 대해 솔직하게 인정하는 시간들이 지나갔다. 어렴풋한 마음을 보다 명료하게 하고, 모순되는 마음들을 통합하며 그녀는 점점 자신이 무엇을 원하는지에 대한 더 분명하고 확고한 내면의 목소리를 찾아갔다. 현재 그녀가 남자 친구와 겪는 갈등은 그녀가 지금까지 살면서 맺어온 사람들과의 관계를 가장 집약적으로 요약해주고 있었다. 언제나 눈치 보며 타인의 시선을 의식하느라 자신이 진정 원하는 것을 선택하지 못하는 관계 양상이 여기에서 가장 선명하게 드러났다.

이 과정에서 스스로 자기 목소리를 분명하게 하지 않으면 외부의 압력이나 그 압력을 내면화시킨 내면의 우유부단한 마음에 휘둘리기 쉽다는 것을 깨달았다. 그러면서 그녀는 자신이 남녀 관계에서 진정으로 원하는 것은 결혼'식'이나 '혼인신고'로 묶이는 가짜 소속감이 아니라 서로를 존중하며 아픔을 보살펴주는 진짜 소속감임을 알았다. 자신을 억압하던 마음에서 자유로워지고 목소리를 세우고 나자 그녀는 자연스레 불안 때문에 결혼식에 집착하는 모습을 버리게 되었다. 관계에 메달리기보다는 조금 더 객관적으로 지켜보게 되었다. 또한 자신을 무시하거나 빈정거리는 표현을 하는 남자 친구의 모습에 대해서는 단호하게 화를 냈다. 그리고 이 관계의 최종 종착지가 반드시 결혼이 아닌 이별이 될 수도 있다는(세상의 모든 관계에 당연히 적용되는) 가능성도 내비쳤다. 그러자 남자 친구에 대한 마음도 분명해졌다. '결혼'이라는 목표에 대한 집착과 집념의 마음을 느슨하게 풀어놓자 혼란은 줄었고 모순의 간격이 좁혀졌으며 불안은 낮아졌고 사랑을 받아들일 수도 있게 되었다. 그녀는 관계 속에서 다른 사람이 되었다.

상담을 마치며 지연 씨는 이 모든 갈등과 혼란의 과정이 결혼식이 아닌 결혼을 만들어나가는 과정이었다는 점을 이야기했다. 그녀는 현명하게 상황을 정리해갔다. 자신의 조급함과 결혼에 대한 집착 때문에 헤어지느냐 결혼하느냐 하는 양극의 선택지에서 다른 가능성을 만들어갔다. 압력이나 불안에 이끌려 뭔가를 피하기 위해 성급하게 관계를 규정짓는 것이 아니라 자신의 마음을 따라가는 관계를 맺는 힘을 자기 안에서 발견하게 된 것이다.

작은 물건 하나를 고를 때도 불안이나 압박감에 밀려서는 결코 좋은 선택을 할 수 없다. 좋은 선택을 하기 위해서는 "내가 무엇을 원하는가?"라고 스스로에게 물어야지 "내가 무엇을 피하고 싶은가?"라고 물어서는 안 된다. 불안이나 압박감에 밀려서 한 선택은 엄밀히 말해 내 선택이라고 할 수 없다. 결혼은 내면의 목소리를 따른 선택이어야지 외부의 압력을 피하기 위한 선택이 되어서는 안 된다. 분명 내 선택이었음에도 내 선택이 아니었다는 후회를 하고 싶지 않다면 결혼을 하기 전에 마음을 잘 점검해보아야 한다. 중요한 것은 결혼'식'이 아니라 결혼이기 때문이다.

사 랑 을 둘 러 싼

외 부 압 력 을 이 겨 내 기 위 해

일정한 나이가 되면 결혼을 해야 한다는 기대와 압력, 그리고 커플
관계에서 남자의 역할과 여자의 역할이 어느 정도 분리되어 있다는
기대와 압력은 마음을 초조하게 하고, 준비 없는 약속을 하게 하기도
하고, 마음으로 끌리는 사람으로부터 멀어지게 만들기도 한다. 현실
적인 기반 위에서 지속 가능한 사랑을 해나가기 위해서 이런 외부 압
력을 완전히 무시할 수 없기 때문에 이 모든 압력들을 균형 잡힌 관
점으로 살피고 이겨나가는 선택을 해나가는 것이 중요하다.

∴ 압박감을 주는 사람은 당분간 피하자

　자기 안의 편견과 스트레스가 큰 사람일수록 내적 압박을 다른 사람에게 전가한다. 안타깝게도 우리 주변에는 자신이 가진 편견과 스트레스를 그대로 전달하는 사람이 있다. '너를 위해서'라는 단서를 달고 있지만 사실은 '자신을 위해서' 그러는 것이다. 우리는 언제나 이런 관계에 둘러싸여 있기 때문에 특히 중요한 선택을 할 때에는 의식적으로라도 압박감을 강조하는 사람을 피하거나 그 영향을 내적으로 차단하는 연습을 하는 것이 필요하다.

　그와 동시에 압박감을 더 크게 자극하는 사람이 누구인가를 구체적으로 살피는 것도 중요하다. 자신과 타인을 동일시하게 되는 집단인 '참조 집단' 구성원들의 선택과 결과를 보면서 자신의 행로를 가늠해보게 된다. 이런 방식으로 알게 모르게 주변 사람들의 영향을 많이 받는다. 스스로를 동일시하는 집단, 소속되기를 원하는 집단이 어떤 특성을 가지고 있는가를 이해하고 그 집단에 대해서도 객관적인 거리를 두고 살필 필요가 있다. 많은 사람들이 친한 친구들이 하나둘 결혼할 때 그 집단에서 소외되지 않기 위해 억지로 사람을 만나고 결혼식을 진행시키려 애쓴다. 그러다 보면 평생을 함께할 중요한 반려자를 단지 소속에서 벗어나지 않기 위해 선택하게 되는 우를 범하게 된다. 최악의 경우 나 자신은 물론이고 나의 결혼과 연결된 많은 사람들에게 심리적이고도 실제적인 해를 입히게 된다. 참조 집단은 말 그대로 참조만 하기 위해 있는 집단일 뿐이라는 점을 기억하자.

∴ 싱글의 삶을 즐겨라

결혼은 둘 이상의 사람이 함께 버텨내야 하는 현실이다. 그 현실을 지탱하면서 힘든 순간 본래는 싱글이었고 또 연인이었고 이제는 가족이 되면서 느끼는 진통을 넘어서는 힘을 결혼 전에 적립해둘 필요가 있다. 결혼을 원하는 입장에서는 결혼 후 딸려오는 사소하고 지리멸렬한 집안일과 육아에 메어 있는 삶이 부럽고 안정적인 그림처럼 보일지 몰라도 이 삶에는 포기하고 타협해야 하는 것이 많다. 기혼자들은 싱글의 자유를 부러워한다. 자유는 누릴 수 있을 때 누리자. 사랑은 자유라는 전제 위에서만 가능하고 의미가 있다.

∴ 내면화된 편견을 점검한다

잘 들여다보면 우리를 하나의 경향으로 몰아넣는 경직된 인습과 편견이 많다. 특히 남녀 역할이나 남녀 관계에 대한 편견은 연애를 하며 반드시 점검할 필요가 있다.

"여자는 남자가 있어야 한다."

"결혼은 꼭 해야 한다."

"여자는 나이에 따라 가치가 다르다."

"남자는 여자를 보호해야 한다."

"여자는 자기보다 더 나은 남자와 결혼해야 한다."

이런 편견은 빙산의 일각에 불과하다. 사회에 존재하는 다양한 편견에 개인적인 경험으로 인한 편견이 덧씌워지면서 우리 마음은 어떤 방식으로든 기울어져 있다. 연애를 둘러싼 많은 사회적 압력은 성차에 대한 편견과 인습을 기반으로 나타난다. 연애는 보통 한 여자와 한 남자의 만남이기에 여자와 남자에 대한 편견과 기대, 그리고 남녀 관계에 대한 편견과 기대가 연애 관계에서 펼쳐지게 된다. 하지만 연애에서 결혼으로 관계가 깊어지는 과정에서는 결국 한 남자와 한 여자의 만남으로 나타난 성차보다 각자의 개인차가 관계의 질, 깊이를 더 만들게 된다. 그러니 어떤 틀에 나를 가두기보다는 나의 욕구와 상대의 욕구를 잘 살피고 관계를 지속하기 위해 어떤 것이 필요한가를 맞춰 나가는 것이 필요하다.

개인이 깨려고 아무리 노력해도 '~해야 한다'는 사회·문화적 압력과 편견은 언제나 개인의 힘보다 강하고 이미 그런 압력과 편견 때문에 받게 된 상처와 스트레스는 클 수밖에 없다. 하지만 그럴수록 연애는 그런 편견의 상처를 답습하는 관계가 아닌 상처받은 마음을 따스하게 감싸주는 안식처가 되어야 한다.

나의 여성성과 남성성, 남녀 관계상이 편견으로 얼룩져 있어 내 모습을 발현하지 못하고 있는 것은 아닌지 수시로 점검하자. 많은 여성들이 사랑에 너무 의존하거나 스스로를 믿지 못하는 혼란에 시달리고 있고, 많은 남성들이 자신의 취약성을 드러낼 수 없는 관계 속에서 절망하고 있다. 사회에 만연된 편견들을 탓하기 이전에 그 편견들을 내면화시킨 내 마음부터 돌보자. 진정한 변화는 내면의 혁명을 통해서만 가능하다.

chapter/　　　03

누구를　만나
사랑할　것인가

연애와
결혼의 선택

● 낭만적인 사랑 관념이 자리 잡기 시작하면서 사랑에

있어서 선택의 문제는 현대의 연애와 결혼에 가장 중

요한 중심 주제로 떠올랐다. 계급 또는 집안 문제 등

으로 연애와 결혼 대상을 타인의 선택에 맡길 수밖에

없었던 과거와 달리 지금은 선택을 개개인에게 맡긴

다(혹은 그러는 것처럼 보인다). 하지만 더 많은 선택의 자

유가 부여된(혹은 그런 것처럼 보이는) 우리가 더 나은 선

택을 하고 있다고 단언하기는 어렵다. 선택지가 많다

는 것이 반드시 이득이 되지는 않을 뿐더러 오히려 해

로울 때가 많다. 선택지가 많을수록 선택한 것에 대한

만족감보다는 선택하지 못한 것에 대한 아쉬움을 더 크게 느끼기 때문에 선택 과정에도 혼란을 느끼고 결과에 대해서도 불만을 더 크게 느낀다. 그래서 너무 많은 선택지들 앞에서 선택을 유보하거나 잘못된 선택을 내리거나 선택 후에도 마음을 잡지 못하게 된다. 낭만적인 사랑의 성공담만큼이나 처절한 사랑의 실패담 역시 많이 들으며 자란 우리는 쉽게 마음을 잡기 힘들다.

게다가 대상 선택에 틀을 지우고 구획을 나눴던 과거의 분명한 신분과 제도, 지위의 틀이 지금은 옅어지기는 했지만 그렇다고 완전히 사라진 것도 아니다. 전보다 불분명해졌을 뿐 보이지 않는 틀과 전제에 맞춰 대상을 선택한다. 예전에는 틀과 전제가 실질적인 의미를 가졌다면 지금은 심리적이다. 외부의 틀이 선택의 자유를 가로막았던 과거와 달리 지금은 내면에 자리 잡은 심리적인 틀이 선택의 자유를 구속한다. 그래서 대상 선택은 틀에 구속될 것인가, 틀로부터 자유로워질 것인가라는 중요한 질문 위에서 이루어진다.

선택은
내가 하는 것이다

✦

셰익스피어의 4대 비극 중의 하나인《오
셀로》는 사랑 관계에서의 극단적인 소유욕과 질투심, 그리고 그
비극적인 끝을 보여주는 작품이다. 이 작품이 시간의 흐름을 이기
며 오랫동안 사랑받아온 까닭은 사랑하는 대상을 향한 마음의 결
핍과 취약성을 잘 보여주고 있기 때문이다. 이야기의 주인공인 오
셀로의 마음에 집중하느라 데스데모나의 선택이 가진 의미를 간
과하기 쉽지만 그녀의 선택이 가진 의미는 오셀로의 질투심만큼
이나 중요하다.

오셀로와 데스데모나의 결혼에는 몇 가지 잠재적인 위험 요소
가 있다. 오셀로는 강렬한 소유욕과 질투심, 공격적인 분노 폭발

이라는 성격적인 문제가 있고, 데스데모나는 자신을 키워주고 사랑해준 아버지의 반대에도 불구하고 상대가 누구인지 정확히 알지 못한 상황에서 성급하게 대상 선택을 하는 문제가 있다. 그리고 이 결함들이 만난 그들의 결혼은 결국 극단적인 위기로 치닫게 된다.

사랑 대상을 선택하는 모든 사람이 그렇듯, 데스데모나 역시 사랑받기를 원하는 마음에 오셀로를 선택했다. 하지만 오셀로는 사랑한다는 그녀의 고백보다 그녀의 마음 전부를 결코 자기 것으로 소유할 수 없는 불가능성을 더 크게 보았다. 의심과 망상은 고치기 힘든 병이고 사랑불능증의 한 증상이다. "사랑해"라는 상대의 말이 주는 안정감을 받아들이지 못해 시시때때로 "언제 나를 떠날지 모른다"는 불안과 "왜 나를 떠나려 하냐"는 분노를 일으키는 마음의 증상은 관계를 왜곡시키고 와해시킨다.

아마 데스데모나는 이아고의 계략이 아니었어도 오셀로와 함께 시간을 보낼수록 자신의 선택을 후회했을 것이다. 소유욕과 질투심은 그저 한 번의 자극으로 치솟는 욕구와 감정이 아니라 한 사람의 내면 저변에 흐르는 것이고, 그녀를 향한 오셀로의 마음은 사랑이라는 갑옷으로 무장한 소유욕이었으니 말이다. 그의 강렬한 소유욕은 이아고의 계략을 통해 현실로 밝혀졌다. 오셀로와의 결혼을 선택하며 자신이 감수해내야 하는 것이 어떤 것인지 몰랐던 데스데모나는 결국 가장 비극적인 사랑의 여주인공으로 자신의 이름을 남긴다. 그녀의 선택을 보면 잘못된 대상 선택이 얼마나 비극적인 결과를 불러올 수 있는가를 잘 알 수 있다.

남자 친구와의 결혼 문제를 놓고 고민하고 있었던 소유 씨는 반대하는 결혼을 감행하려 한다는 점에서 현대의 데스데모나나 다름없다. 올해 서른일곱 살인 그녀는 사춘기 소녀나 가지고 있을 만한 미성숙한 생각과 막연한 낙관주의를 가지고 있었다.

그녀는 소위 명문대라고 하는 좋은 대학에 대학원까지 나왔지만 뚜렷이 자기 일이라고 할 만한 일을 꾸준히 하지도 않았다. 조금만 힘이 들어도 이직을 했고 주변 사람들에게 의지하는 방식으로 일처리를 해왔다. 그래서 조직에서도 환영받지 못했고 그녀 역시 이런 점을 알고 있었다. 하지만 정작 그녀는 자신을 돌아보기보다는 함께 일하는 사람들에 대한 불평불만을 키웠다.

유복한 가정환경의 외동딸로 어느 것 하나 부족한 점 없이 자랐고 부모는 그녀가 원하는 것은 무엇이든 들어주었다. 다른 사람들은 부모와 충돌하고 갈등하며 완벽할 수 없는 현실적인 부모의 모습을 재설정함으로써 부모로부터 독립해나간다. 하지만 그런 시기에 오히려 그녀는 부모 옆에 더 바짝 붙어 있었다. 그래서 다른 사람들은 스무 살 때부터 했을 '부모로부터의 독립'에 대해 서른 살이 훨씬 넘어서야 생각하기 시작했다. 모든 것은 한 남자와의 만남과 사랑 때문에 일어났다.

그녀는 서른여섯 살에 우연히 만난 한 남자와 사랑에 빠졌다. 그는 현장 파견직으로 일하는 성실하고도 거친 남자였다. 어려운 가정 형편 속에서 고군분투하며 자신의 자리를 찾아왔고 집안을 떠받들어야 하는 책임감을 강하게 가진 사람이었다. 때로는 그녀가 알아야 할 현실적인 부분이나 삶의 거친 면을 자세히 설명해주거나 그런 면에 무지한 그녀를 나무라기도 했다. 지금까지 어느 누구도 자신의 미성숙함을 그렇게 애정 어린 방식으로 짚어준 사람이 없기에 그녀는 그에게 다른 사람들과는 다른 매력을 느꼈다.

시간이 갈수록 그녀는 그와의 사랑에 점점 더 큰 확신을 가졌고, 만난 지 반년 정도 되었을 때 그와 결혼하고 싶다는 생각이 들었다. 그녀의 부모는 노발대발했다. 그에게는 모아둔 돈이 많이 없었고 결혼을 해도 보살펴야 하는 가족이 있었기 때문이다. 이런 이유로 그는 그녀와의 이별을 고민하기도 했고 정말 그녀가 이 모든 것을 감당할 수 있는지 자주 묻기도 했다.

정작 소유 씨는 모든 것을 낙관적으로만 생각했다. 전세 아파트

하나를 얻기 위해서는 얼마가 필요한지도 모르고 노모를 모신다는 것이 그녀처럼 미성숙하고 자기중심적인 사람이 견디기 쉽지 않다는 것도 모르면서 마냥 그와의 달콤한 신혼생활을 기다렸다. 정작 일생의 중요한 선택을 하면서 현실에 대해 자신이 얼마나 대비되어 있는지에 대해서는 아무것도 모른 채 말이다. 오랫동안 부모의 그늘 밑에서 착한 딸로만 지내왔기에 부모의 반대만이 그녀의 마음을 위태롭게 했다.

그녀가 더 힘들었던 이유는 이렇게 갈팡질팡하는 마음의 선택 주체가 자신임을 받아들이지 않고 다른 사람이 명확한 결정을 내려주기를 기대했기 때문이다. 그녀는 상담을 받으면서도 상담자인 나에게 부모의 판단에 따라 이 남자와 헤어져야 하는지, 아니면 남자 친구의 부담을 덜어주기 위해 자신이 프러포즈를 해야 하는지 즉각적인 답을 달라고 했다. 중요한 선택을 위해 필요한 자기 성찰의 과정은 생략한 채 타인에게 결정을 미루고 싶어 하는 것이다. 그 누구도 그녀의 선택을 대신 내려줄 수 없음을 이야기하자 그녀는 불편한 기색을 내보였다. 거기에 남자 친구와의 관계에서 걸림돌이 될 만한 사항들을 더 구체적이고 현실적으로 살피지도 않고 결혼을 기다리는 성급함과 부모로부터 심리적인 독립

을 해보지 못한 점이 문제가 될 수 있다고 이야기하자 화를 내기
까지 했다.

"남자 친구도 엑스고 부모님도 엑스라는 거예요? 그럼 대체 저
는 앞으로 누구랑 살란 말이지요?"

그녀가 부모에게 의존하는 마음을 남자 친구에게 의존하는 마
음으로 섣불리 전환하려고 하는 모습에도 문제가 있지만, 또 다른
문제는 선택을 ○ 아니면 ×인 단순한 답으로 빨리 귀결시키려 한
다는 데에 있다. 중요한 선택에는 시간과 성찰이 필요하다. 또 선
택은 단순히 ○, ×의 문제가 아니다. 삶은 결코 단순하지 않기에
더 다양한 관점들이 필요하다. 결국 그녀에게 이 결정은 부모로부
터 독립을 감행하고 외적 현실과 내적 성숙을 고려한 자신의 주체
적인 선택이 되어야 했다.

진정한 독립과
대상 선택

결혼은 기존의 가족으로부터 독립해 나만의 가족을 만들어가는 과정이다. 익숙하기에 편했지만 내 몸집이 커지면서 갑갑해진 기존의 가족으로부터 벗어나 직접 설계하고 지은 새로운 심리적 울타리를 만드는 과정이다. 그 과정에서 삶의 거친 면을 볼 수도 있고 한 번도 해보지 않았던 일을 해내야 하는 부담도 있다. 결혼은 그 시작을 알리는 출발선이다. 그런 출발을 하겠다고 하는 소유 씨는 너무 여렸다. 결혼을 감행하기 이전에 그녀는 일단 부모로부터 심리적인 독립을 해나가는 것이 필요하다. 결혼과 이별 중 어느 쪽을 선택하든 그녀의 몫이지만, 독립은 선택의 여지가 없는 실천이다.

대상 선택은 단순히 한 사람을 선택하는 과정이 아니라 기존에 내가 심리적으로 연결되어 있던 대상과 마음으로 이별하는 과정이다. 이 관계가 비극적으로 끝날 수도 있음을 자신이 감수해야한다. 그러니 신중하게 대상 선택을 해야 한다. 정말 이 사람을 사랑하는지, 왜 이 사랑을 지키기로 결심했는지, 그리고 선택 후 닥칠 현실을 감당할 수 있는지에 대해서 말이다.

데스데모나가 그랬듯 소유 씨는 엄격한 부모 밑에서 과잉보호를 받으며 자랐다. 보호받으며 자란다는 것은 양날의 검이다. 상처를 모르고 자랐기에 당장은 편안할 수 있지만, 삶을 살아가는 힘과 혜안을 기를 기회를 잃게 된다. 이런 과보호 속에 살아온 사람들은 언제고 닥칠 수밖에 없는 현실을 맨살로 견디기 힘들다. 다른 사람들은 아무렇지 않게 버텨내는 삶의 스트레스를 "왜"라는 혼란이나 "나에게만"이라는 자기몰두나 "어떻게 감히"라는 자기애적 분노나 "힘들다"는 불평불만으로 반응한다. 이런 마음들을 개념화하는 다양한 이름이 있지만 이는 모두 '미성숙'과 '의존성'이라는 공통적인 특성이 있다. 너무 보호받았기에 자라지 못한 마음인 것이다.

어느 쪽으로도 선택을 내리기 힘든 마음을 마주하며 뒤늦게 자기 안의 미성숙한 면과 의존적인 면을 보게 된 소유 씨는 처음에는 부모를 탓했다. 하지만 이렇게 부모를 탓하는 것조차 자신이 얼마나 의존적인지를 보여준다. 진정한 독립과 대상 선택을 위해서는 일단 부모로부터 떨어져 자신에 대한 정체성을 확립해나가야 한다. 홀로서기를 통해 쌓은 내면의 힘으로 다른 사람을 사랑하며 그 사랑을 지키기 위한 현실적인 위기와 어려움을 극복해나가는 것이 성숙한 사랑이기 때문이다. 누군가를 사랑하는 데에 꼭 이유가 있어야 하는 것은 아니다. 하지만 적어도 그 사랑을 지키기로 선택했다면 그에 대한 답을 내 안에서 찾는 과정은 필요하다. 그래야만 내적·외적 위협에서 그 사랑을 계속 지킬 수 있다.

결국 소유 씨는 남자 친구와 헤어지기로 했다. 그를 사랑하지 않는 것은 아니지만 그 사랑을 지켜낼 수 있을 만큼 자신이 강하지도 않을 뿐 아니라 자신이 중시하는 삶의 가치와 자신에게 익숙한 삶의 틀이 그와 너무 다르다는 것을 직시했기 때문이다. 이 선택이 부모의 가치와 평가에 따른 의존적인 선택이 아니라는 것도 분명히 했다. 이번 일을 계기로 그녀는 '독립'이 자신이 이미 거쳤어야 했던 중요한 주제라는 것을 알았다. 남자 친구와 헤어지며 그녀는 거리두기를 위해 집에서도 나왔다. 비록 부모의 원조를 받고 있기는 하지만 이전보다 부모와 거리를 두면서 스스로 시간을 보내고 작은 결정이라도 혼자 해보는 경험을 하며 점점 홀로서기를 하겠다고 했다. 한동안은 부모와 심하게 갈등하기도 했지만 이런 시간들이 후에 더 나은 대상 선택을 하는 데에 도움이 되리라는 것을 믿기로 했다.

그녀처럼 대상 선택에 대한 고민을 하게 된다면, 스스로에게 냉정하게 물어봐야 한다. 과연 나는 '정체감 확립', '심리적ㆍ경제적 독립', '성숙한 사랑'의 과정을 잘 지나오고 있는지, 아니면 그 모든 과제들을 해나갈 노력은 해보지 않고 그저 어서 빨리 사랑받고 싶다는 조급한 마음으로 섣불리 대상 선택을 하지 않았는지, 그리고 선택이 불러온 결과를 감당할 수가 없어 다른 사람을 탓하고 상대를 원망하는 것이 아닌지 말이다.

'누구를 사랑할 것인가', '누가 준 사랑을 받아들일 것인가'의 문제는 결코 단순하지 않다. 그리고 이런 선택의 과제에는 우리가 그전까지 해결하지 못했던 많은 심리적 과제들이 담겨 있다. 부모의 사소한 말 한마디에 발끈하고 하루 종일 심란해하는 것도, 부모의 말에 순종적인 착한 자녀의 모습을 간직하는 것도, 아직 독립의 길이 멀었다는 것을 보여준다. 그렇다면 대상의 빈약함을 탓하기 이전에 일단 독립부터 하자.

✦

이별, 선택을
번복하는 새로운 선택

✦

　　　　　　　　다시 오셀로와 데스데모나의 이야기로 돌아가보자. 아무리 이아고의 계략에 빠졌다고 해도 오셀로가 그렇게 쉽게 아내를 의심하고 결국 아내를 죽이게 된 것은 이해가 되지 않는다. 아내의 외도를 알게 된 모든 남편이 아내를 죽이지는 않기 때문이다. 이아고의 계략은 오셀로가 가지지 않은 마음을 가지게 한 것이 아니라 오셀로가 이미 가진 취약성을 극대화한 계기에 불과했다. 오셀로를 선택한 데스데모나는 아마 이런 오셀로의 결함을 조금은 감지했을 것이다. 그럼에도 그녀는 자신의 선택을 번복할 수 없었다. 그녀에게는 대상 선택을 번복할 기회가 없었기 때문이다.

반대를 뒤로하고 오셀로를 선택한 데스데모나에게는 아버지냐, 오셀로냐, 양자택일의 선택지밖에 없었다. 그녀는 무작정 오셀로를 따라갔다. 아버지로부터 독립을 하는 대신 아버지에서 오셀로로 의존의 대상만 바꿨다. 오셀로를 선택한 데스데모나는 오셀로의 소유욕과 질투심 때문에 답답함과 위협감을 느껴도 다른 대안 없이 현실에 적응할 수밖에 없었다. 하지만 현대의 데스데모나에게는 선택이 모든 것의 끝은 아니다.

선택은 한 번으로 끝나지 않는다. 사랑했다가 이별을 선택하기도 하고 이별했다가 다시 사랑의 자리로 돌아오기도 한다. 결혼이라는 제도는 사랑을 지켜주는 것도 아니고 행복을 보장해주지도 않는다. 오셀로와 같은 남자의 사랑불능증이 더 큰 파급을 불러오지 못하게 막기 위해서는 이별이나 이혼과 같은 선택도 나를 위해(그리고 또 그를 위해) 필요하다. 그런데 많은 사람들이 이런 '선택을 번복하는 선택'을 내리기 힘들어한다. 관계에서 벗어난 자신을 상상조차 해본 적 없는 이들은 차라리 상대가 나를 버렸으면 버렸지 내가 상대를 버리는 선택은 내리지 못하겠다고 말을 한다. 이런 마음은 위험하다. 오셀로와 같은 남편과 전쟁 같은 결혼 생활을 참고 있었던 서른일곱 살의 은혜 씨는 이런 말을 한다.

"결혼을 하고 나면 그의 의심이나 망상이 잦아들 것이라고 생각했는데, 오히려 결혼 전보다 더 심해져서 매일 후회했어요. 하지만 부모님이 반대하는 결혼, 친구들이 걱정하는 결혼을 했으니 이런 상황을 솔직하게 얘기하고 도움을 청할 수도 없었어요. 가끔은 생명의 위협을 느끼기까지 했는데도 저는 이 관계를 포기할 수가 없었어요. 달라질 것이라는 기대보다는 되돌릴 수 없다는 생각을 했던 것 같아요."

그녀는 자신이 선택한 사람이 가진 치명적인 결함을 외면하고 싶었다. 하지만 결혼을 했다고 해도 새로운 선택을 할 수 있는 기회는 있다. 그럼에도 많은 사람들이 은혜 씨처럼 그 선택이 아무리 치명적이었음을 인식하고 나서도 새로운 선택을 하지 못한다.

선택 전에도 수동적이던 그녀는 선택을 한 후에도 자신의 틀을 벗어날 힘을 내지 못한다. 아무것도 모르는 제3자의 입장에서는 왜 때리는 남편으로부터 벗어나지 못하는지, 힘들게 하는 남자 친구와의 관계를 끊지 못하는지, 착취하는 여자에게 매달리는지, 이해가 안 되어 고개를 흔들 수도 있다. 하지만 이들은 깊은 무기력의 덫에 빠져 있다. 나쁜 선택을 하고 그 선택이 잘못된 선택이었으며 관계가 서로를 더 해롭게 한다는 사실을 알면서도 관계를 끊는 선택을 하지 못하는 사람들은 모두 무기력하다. 대상 선택에 관한 한, 그들은 단 한 번도 자신이 적극적으로 선택해본 적이 없고 소극적으로 한 선택이라도 성공해본 적이 없기 때문이다. 관계를 벗어나서 또 다시 새로운 선택을 할 수 있다는 선택권조차 이들에게는 두렵게 다가온다.

이럴 때는 시간과 경험이 필요하다. 작은 것이라도 나를 위한 선택을 하는 연습을 한 후에야 진정 중요하고 큰 문제도 제대로 정리할 수 있다. 잘못된 선택을 하고 그 선택의 결과에 얽매여 새로운 선택을 하지 못하는 자기 자신을 뼈아프게 직면한 후에야 그 아픔을 딛고 자기 선택을 할 수 있다.

은혜 씨는 그런 아픈 통찰의 과정을 통해 12년간 계속되어온 남편의 집착과 질투, 망상, 그리고 자신의 우울과 불안, 화병과 죄책감으로부터 서서히 멀어지고 홀로서기를 선택했다. 마음이 여렸던 그녀는 결핍에 취약한 그를 두고 떠나기가 힘들었다. 아무리 나쁜 사람이라고 해도 그녀가 애초에 그를 사랑 대상으로 선택하게 된 그의 좋은 면도 있기 때문이다. 자신을 사랑해주는 좋은 면과 힘들게 하는 나쁜 면을 모두 가진 친밀한 대상, 그리고 그 사람과 함께 공유해온 시간과 감정, 기억, 이 모든 것을 뒤로 하고 새로운 마음을 품기란 쉬운 일이 아니다. 하지만 처음부터 그를 향한 그녀의 마음은 사랑이 아닌 연민이었으며 그녀를 향한 그의 마음 역시 사랑이 아닌 소유욕이었다는 것을 깨달았다. 새로운 선택에는 많은 힘이 필요하지만 선택을 감행하면 그 자리에 더 새롭고 힘찬 힘이 흐른다.

셰익스피어의 비극을 읽으며 오셀로의 질투심과 소유욕, 그리고 뿌리 깊은 결핍감을 안타까워하는 것은 물론 일생일대의 중요한 선택인 사랑 대상을 선택하는 데스데모나의 허술한 안목에 대해서도 깊이 생각해볼 필요가 있다. 그녀의 환상과 의존성 그리고 미성숙은 제대로 된 사랑 대상을 선택하고 그 선택을 지켜내기 위해 끊임없이 돌보고 발전시켜야 할 우리 안의 모습이기도 하다. 제대로 된 선택을 위해 일단 우리를 둘러싼 많은 보호막으로부터 독립하고 나아가 나 자신과 독대할 수 있어야 한다.

우리는 지금까지 나를 사랑해주었던 부모와 심리적인 이별을 하고 사랑받는 입장이 아닌 사랑을 나누는 경험을 공유할 대상을 선택하는 현대의 데스데모나이기 때문이다. 이 선택을 통해 비극적인 사랑으로 가는 사랑 이야기를 선택하게 될 수도 있는 위험성도 안고 있지만 '진짜 내 사람'을 만나게 될 가능성 역시 있다. 진짜 선택은 언제나 위험을 뚫고 난 후에야 가능하다. 그리고 필요하다면 선택의 카드뿐 아니라 선택 번복의 카드도 쓸 수 있다는 사실을 기억하자. 내가 가진 내 삶에 대한 선택의 카드들을 허투루 쓰지 말자. 소중한 내 인생, 내 사랑이다.

더 나은 대상 선택을 위해
필 요 한 것

사랑에 빠졌다고 생각할 때 선택을 똑똑하게 해내지 못할 때가 많다.
그래서 관계를 돌이킬 수 없는 순간에 와서야 자신에게 대상 선택을
잘 해내는 안목이 없었음에 탄식한다. 사랑에 빠졌을 때는 보이지 않
았던 것이 시간이 지나면서 너무 분명히 보인다는 것이다. 상황과 관
계 양상은 조금 달라졌을 수도 있지만 상대는 근본적으로 달라진 것
이 없다. 다만 그 사람을 내 사람으로 선택할 당시에는 커 보이지 않
았거나 중요한 것으로 생각하지 못했던 특성들이 어느 순간 갑자기
커다랗고 타협 불가한 모습으로 나타날 뿐이다. 이럴 때 우리의 결핍

감과 실망감 때문에 그 사람의 마음에 들지 않는 특성에 대해 실제보다 더 크게 느낀다. 이제 와서 후회해봐야 늦었다는 생각에 한숨이 나오고 나도 모르게 불평불만이 밖으로 삐져나온다.

아무리 대상 선택에 신중했고 완벽에 가까운 대상 선택을 해냈다고 해도 선택한 대상에 대해 조금씩 실망하는 순간을 경험할 수밖에 없다. 누구를 만나 어떤 사랑을 한다고 해도 실망을 피할 수는 없다. 사랑은 있는 그대로 보는 것을 어렵게 한다. 큰 것을 축소시키고 작은 것을 확대시키며 없는 것을 있다고 착각하거나 있는 것을 없다고 착각하게 만든다. 대상을 선택하던 그 시기에 대상을 향한 환상과 갈망, 결핍과 외로움 때문에 안목이 어두워졌던 우리는 그 시기를 지나면서 현실감각을 되찾게 된다. 되찾은 현실감각은 사랑을 굳건하게 해주기도 하지만 위기에 빠트리기도 한다. 더 나은 대상 선택을 위해 다음 사항들을 주의하자.

∴ 말이 아닌 행동을 본다

말을 꾸며내는 것은 쉽다. 우리는 말에 쉽게 현혹된다. 그러니 말이 아닌 행동을 살필 필요가 있다. 이를 실천한다면 연애 후반, 신혼 이후의 결혼 생활에서 실망감이나 권태감에 시달릴 확률이 줄어들 것이다. 언제든 이상과 현실 사이의 괴리는 있을 수밖에 없다. 하지만 대상의 말이 아닌 행동에 집중한다면 그 괴리감을 많이 줄일 수 있을 뿐 아니라 나에게 맞지 않은 누군가를 더 분명하게 짚어낼 수 있다. 적어도 어느 누구에게나 나쁜 사람임에도 나에게만은 좋은 사람인 것 같은 착각이 불러올 수 있는 대상 선택의 재앙에서 만큼은 스스로를 구할 수 있다.

∴ 독립성과 적극성을 키운다

의존적인 사람일수록 수동적인 선택을 한다. 때로 수동적인 선택은 적극적인 나쁜 선택보다 더 나쁘다. 자신이 나쁜 선택을 했다고 생각하는 사람은 적어도 선택에 책임감을 가지기 때문이다. 책임감은 마음을 무겁게 하고 다음 행동을 조심스럽게 만들지만 같은 나쁜 선택을 반복하는 것은 막아준다. 하지만 선택에 수동적인 사람들은 자신이 선택해야 하는 상황에서도 그 선택을 다른 사람에게 미룬다. 그러다 보면 자신의 마음을 스스로도 이해하지 못할 뿐 아니라 다른 사람에게 끌려 다니고 휘둘리기도 쉽다. 연애 관계에서 수동적인 사람들은 바로 이런 이유 때문에 자신의 마음도 잘 모른 채 선택을 하고 선택에 대한 확신도 적고 상대에게 확신을 주기도 쉽지 않다. 자신의 마음은 분명하게 드러내지 않은 채 자꾸만 상대의 사랑을 확인하는 데에 몰두하고 갈등과 실패를 함께 지지 않고 불평불만에 휩싸인다. 사랑은 관념적인 명사가 아니라 구체적인 동사다. 스스로 실천하고 되짚어보고 결단을 내리지 않으면 그 관계는 피상적으로 흐를 수밖에 없다. 자꾸만 누군가를 탓하고 싶어진다면 그 손가락의 방향을 돌려 나를 보자. 내 안의 수동성과 의존성을 되짚어보는 것이 결국에는 내 안의 힘을 강화시키고 더 나은 사랑을 할 수 있게 해준다.

∴ 만족 추구자가 된다

《선택의 심리학》을 쓴 배리 슈워츠는 선택 유형을 크게 '최선 추구자(Maximizer)'와 '만족 추구자(Satisficer)'로 구분했다. 선택에도 패턴이 있다. 그에 따르면 최선 추구자는 언제나 최선을 추구하고 선택을 한 이후에도 더 나은 대안이 있는지 궁금해하고 초조해한다. 말하자면 선택을 한 이후에도 다음 단계로 넘어가지 않고 계속 선택 중인 마음 상태인 것이다. 바람둥이들이나 자주 연인을 바꾸는 사람들, 작은 갈등에도 쉽게 이별과 이혼을 이야기하는 사람들, 자신의 선택에 대한 불평불만에 가득 찬 사람들이 바로 이런 최선 추구자에 해당한다. 반면, 만족 추구자는 자신의 선택에 대한 만족감과 자족감도 크고 선택을 종료한 후에는 그 선택의 좋은 면에 집중한다. 지금도 충분히 좋은 면을 음미하고 감사할 줄 아는 것이다.

배리 슈워츠는 최선 추구자와 만족 추구자의 개념을 구상하며 물건 구매나 채널 선택과 같은 것을 이야기했지만, 이 개념은 한 개인의 행복과 좋은 관계를 맺는 능력을 이야기하는 데에도 대입해볼 수 있다. 관계를 탄탄히 하는 데에는 대상이 얼마나 나의 이상형에 가까운가에 있는 것이 아니라 선택 후에 내가 선택한 대상의 좋은 점에 감사하고 만족감을 지키기 위해 노력하고 있는가에 있다. 선택을 하기 전에는 세심하게 살피더라도 일단 선택을 한 뒤에는 상대의 좋은 면을 보는 데에 주력하자.

chapter 04

사랑은 환상을
동 반 한 다

사랑과
환상의 관계

환상 없이는 사랑도 없다. 환상을 너무 크게 간직해도 문제지만 환상이 없다면 사랑은 연료를 잃게 된다. 그만큼 환상은 사랑에서 많은 지분을 차지한다. 환상이 깨진 자리를 부드럽게 메워줄 현실이나 또 다른 환상이 없을 때 사랑은 힘을 잃고 그 자리에는 환멸과 냉소가 들어선다. 사랑에 상처받았다는 것은 결국 자신의 환상에 상처받았다는 말과 같다. 환상 덕분에 더 사랑하게 되기도 하지만 환상 때문에 사랑을 잃게 되기도 한다.

환상만 가득한 사랑이라면 현실적인 스트레스 요인

과 장애물 앞에서 연약한 사랑의 민낯을 드러낸다. 어떤 이는 이런 민낯을 감수하기 위해 환상을 내려놓고 현실을 받아들이려 애쓰지만 또 어떤 이는 그럴수록 현실의 도피처를 찾아 더 깊이 환상에 기대기도 한다.

달콤한 기대가 현실에서 이루어지지 않을 뿐 아니라 지루하고 남루한 일상을 계속 마주해야 하는 현실 과제가 주어질 때, 연인들은 알 수 없는 배신감과 억울함, 분노에 시달린다. 현실의 이런저런 스트레스 요인들은 그들의 관계와 그 관계를 잘 유지해 나가려는 마음을 매일 같이 시험대에 올린다. 환상만 보았던 과거의 관점들을 탓하지만, 사실 환상에는 현실의 압박으로부터 자신을 지켜내기 위해 필요한 것이 무엇인가를 보여주는 실마리가 담겨 있다. 환상이 깨지는 것은 아프지만 그 환상의 자리에 새로운 일상을 놓을 수만 있다면 관계는 환상뿐 아니라 현실을 담고 있는 단단한 성이 된다.

돌아갈 수 없는
과거의 그리움

서른두 살의 누리 씨는 작년에 결혼을 했다. 그런데 결혼한 지 얼마 되지 않아 생각지도 못하게 임신을 했다. 아이가 생겨 기쁘고 들뜨기보다는 마음이 무겁고 복잡했다. 임신 증상이 너무 심하고 몸도 급격히 나빠져서 다니던 회사도 그만둬야 했다. 일을 좋아하고 일에서 자아실현을 꿈꿨던 그녀는 그때부터 더 힘들어졌다. 그래도 애써 마음을 다잡고 출산을 준비하며 좋은 엄마가 되기 위해 노력했지만, 출산 후 몸 상태는 더 악화되었다.

출산 후에는 아이를 키우는 것도 하루하루 힘겨웠다. 매일 아침 눈을 뜨면 우울한 마음이 파도처럼 밀려왔다. 가장 힘든 것은 결혼과 출산 후 변해가는 자신을 마주하는 것이다. 결혼 전만 해도 생기 있고 자신감이 넘쳤는데 결혼을 하면서 모든 것이 다 망가진 것 같은 생각이 들었다. 절망 속에서 그녀가 하게 된 것은 결혼 전 만났던 옛 남자 친구의 소식에 집착하는 것이다. 자신도 모르게 인터넷에 접속해 그의 일상을 들여다봤다. 그러면 안 된다고 생각 하면서도 멈출 수가 없어서 결국에는 상담을 받기로 결심했다.

"결혼하고 다 괜찮았어요. 그런데 임신을 하고 아이를 낳아 기 르기 시작하면서부터 모든 것이 바뀌고 말았어요. 17평짜리 전세 방에서 아기 기저귀를 갈고 하루 종일 아기에게 맞추다 보니 언젠 가부터 울화가 치밀어요. 남자를 잘못 선택했을지도 모른다는 생 각을 하기 시작했어요. 그래서 예전 남자 친구의 SNS를 뒤지기 시작했죠. 돈 없는 집에 시집온 후 덜컥 임신까지 해서 직장도 그 만두게 되었다는 생각이 들자 과거가 그리워졌어요."

그녀가 신데렐라를 꿈꿨던 것은 아니다. 하지만 신데렐라가 될 수도 있었던 자리를 내놓고 결국에는 부엌데기로 전락한 것 같아 억울하기만 했다. 화려하고 멋진 신혼 생활을 바란 것은 아니지만 적어도 결혼하며 암묵적으로 동의한 것에 좁은 집과 아기 기저귀, 수면 부족에 시달리는 일상이 끼어 있을 것이라고는 전혀 상상하 지 못했다.

커플의 관계가 일상이 아닌 환상에 기반을 두고 있을 때, 현실의 스트레스 요인은 관계를 쉽게 흔든다. 그녀는 지금의 남편과 결혼하기 전 넉넉하지는 않아도 깨끗하고 쾌적한 환경에서 일도 하고 가정도 꾸려나가며 남편은 물론 시부모의 사랑을 받는 알콩달콩한 신혼 생활을 꿈꿨다. 하지만 그녀는 일을 그만둬야 했고 남편은 생각보다 무뚝뚝했고 매일같이 야근이나 회식으로 귀가가 늦었고 산후 우울증은 물론 고부 갈등도 감당해야 했다. 현실적인 변수들이 그녀의 결혼 생활을 흔들었다. 환상이 전혀 충족되지 않는 결혼 생활을 하며 하루하루 절망했다. 힘든 현실을 감당할 수 없다고 느낀 그녀는 자꾸만 과거의 환상에 빠졌다. 집이 풍족하고 여유로웠던 예전 남자 친구와 결혼을 했더라면 어땠을까를 상상하며 시간을 보냈다.

"시간을 되돌려 그때로 돌아갈 수 있다면 다른 선택을 하겠어요?"

그녀는 골똘히 생각하더니 크게 한숨을 쉬었다.

"사실 그 남자는 주사도 심했고 마마보이였어요. 부모님이 돈을 잘 벌어서 돈이 많은 거였지요. 잘난 척도 심했고 철도 들지 않아서 기댈 만한 사람은 아니었어요."

누리 씨는 그때 전 남자 친구가 보이는 행동을 통해 그와 결혼을 한다고 해도 그 결혼이 그녀의 환상을 충족시켜줄 수 없다는 것을 알았다. 그래서 그와 헤어졌고 그때는 미련이 없었다.

"그렇다면 남편은 어떤 점이 좋아 결혼을 결정하게 되었지요?"

"저를 안심시켜주었어요. 제 의견을 존중해주고 언제나 진실해요. 그런데 꾸밀 줄 모르고 세심하지도 않고 제가 왜 힘들어하는지 이해하지 못해요. 아이 키우면서 힘들다고 하면 아이는 엄마한테 맡기고 좀 쉬래요. 단순하기만 해요. 적어도 그 사람은 이런 상황이라면…."

그녀의 마음이 자꾸만 환상의 옛 대상에게 향했다. 그래서 현실이자 현재 대상인 남편을 선택했던 그 순간, 첫 마음에 집중해보자고 했다.

"예전의 그 사람이 얼마나 괜찮은 대상이었든 과거 대상이에요. 옆에 있었던 적도 있지만 그건 벌써 몇 년 전의 일이에요. 이제 그는 상징과 환상에 불과해요. 현실에서 충족되지 않은 결핍을 더 크게 확대해서 비춰준다는 점에서 내 현실을 좋게 하는 데에 별로 도움이 되지 않지요. 그 사람을 중심으로 지금의 결핍을 바라본다면 시간이 갈수록 결핍감은 커질 수밖에 없고 현실에 대한 불만도 해결되지 않아요."

그녀는 정곡을 찔린 듯 짧은 탄식을 하더니 울기 시작했다. 위로도 질문도 보태지 않고 그녀가 오래 울게 내버려두었다. 울면서 진실을 소화할 수 있기를 바랐다. 진실은 아프지만 어쩔 수 없다. 더 중요한 이야기가 남아 있었다.

"과거에는 그 사람이 지금 남편이 가지고 있는 덕목을 가지지 못했기에 결핍감을 느꼈고 그래서 관계를 끊었어요. 예전의 그 사람은 엄연히 내 사람도 아니고 내 사람이 될 수도 없는 사람이에요. 중요한 건 나의 현실, 나의 남편, 나의 상황이지요."

✦

현실의 도피처와
위안의 장소

✦

　　　　　　　　누리 씨는 자신이 과거의 환상에 매달려
현실을 더 괴롭고 힘겹게만 바라봤다는 것을 알았다. 그리고 남편
에게 품었던 환상들과 첫 마음을 되돌아보았다.

　"남편과 결혼하기 전에는 단칸방에 살아도 상관없다고 생각했
어요. 하지만 알콩달콩 살겠다는 환상은 결혼을 하고 보니 지켜지
지 않더군요. 제가 일을 쉬니까 수입은 반으로 줄고 생활이 빠듯
해지는데 그 시기에 시부모님도 갑작스레 은퇴하시고 몸도 안 좋
아지신 바람에 생활비도 드려야 하는 상황이 되었지요. 그때부터
자주 울컥 화가 났어요. 내가 큰 거 바란 것도 아닌데 결혼이라는
현실이 너무 힘들었어요. 하지만 이런 마음을 남편이 잘 받아주지

못하는 것 같아요. 몸이 힘드니까 아이랑 남편에게 화내고 짜증내고, 돌아서면 후회하고 저 스스로에게 짜증이 나고 그러다 보니 예전으로 돌아가고 싶었어요. 예전에는 이랬는데, 생각하면 짜증나는 현실을 잊어버리고 덜 초라하게 느껴지니까요."

환상은 거칠고 힘든 현실을 버티게 해주는 힘이 된다. 하지만 환상에 자꾸 빠지다 보면 현실에 충실할 수 없고 불안과 불만은 커질 수밖에 없다. 그렇다고 환상을 완전히 지우고 무시해야 하는 것은 아니다. 환상은 욕구와 현실 사이의 괴리에 대한 메시지다. 환상이 보여준 현실의 결핍을 받아들이고 그것을 현실에서 이루어나갈 수 있도록 노력해야 한다. 환상을 포기하는 것이 아니라 환상을 현실적으로 간직하는 방법을 찾아가는 것이다.

그녀는 남편과의 관계를 다시 살펴보았다. 이전 남자 친구는 다정한 말만 할 줄 알지 실천에 옮길 책임감이 없었다면 지금의 남편은 일상에 치장이 없었고 빈말을 할 줄 몰랐다. 실천할 수 있는 것만 전달했고 책임감이 컸기 때문에 매사에 딱딱했다. 그녀는 신혼 초기부터 이런 남편에게서 조금씩 마음의 문을 닫아왔다. 그래서 남편을 기대의 대상에 세웠다가 실망하기를 반복하며 지쳐갔다. 남편에게 품었던 환상이 모조리 깨지고 나자 이제는 남편과

의 관계가 아닌 다른 관계에 미련을 두기 시작한 것이다. 그녀가 마음을 닫을수록 무딘 남편은 더더욱 그녀의 마음을 몰랐고 그 둘 사이에는 소통의 길이 가로막혔다.

상담을 받으면서 그녀는 남편을 원망하는 마음을 내려놓고 남편의 모습을 있는 그대로 인정하고 받아들여야 할 수밖에 없다는 것을 깨달았다. 그렇다고 해도 남편과의 관계가 회복된 것은 아니다. 아무리 노력해도 로맨틱한 면이 전혀 없는 남편에게서 사랑의 표현을 기대하기는 어려운 것 같다는 결론을 내렸다. 대신 그녀는 환상이 깨진 결혼 생활의 남루함을 불평하며 이룰 수 없는 환상에 집착하는 대신 자기 삶의 열정을 다시 지피기 위해 다른 돌파구를 찾기로 했다. 환상의 거품을 걷어내고 나자 그녀에게 남은 현실의 대안은 일에 복귀하는 것밖에 없는 것처럼 느껴졌다. 그래서 그녀는 시부모에게 아이를 부탁하고 결혼 전에 하던 일을 다시 시작하기로 했다.

"누굴 만나도 다 만족하고 살 수는 없는 거니까 최선은 아니었어도 차선이긴 했다고 생각하고 싶어요. 이렇게 마음을 정리했다가도 아기 때문에 지치면 다시 힘들어지긴 하지만 이제 받아들이지 않으면 어쩔 수 없다는 것도 알고 있어요."

그녀는 현실이 힘들 때 환상으로 도피했고 환상으로부터 위로

를 받았다. 그리고 환상에 비해 초라한 현실을 받아들이고 싶지
않아서 다시 현실로 돌아오기를 거부했다. 하지만 사랑은 환상이
라는 도피처가 아닌 일상이라는 안식처로 돌아오는 길을 우리에
게 보여줄 때에 의미가 있고 오래 간직된다. 모든 사랑은 환상에
서 시작되지만 일상으로 귀결된다. 일상은 환상이 있기에 활기를
얻게 되지만 환상이 일상의 자리를 대신할 수는 없다.

환상과
이별하기

누리 씨가 옛 남자 친구에 대한 환상과 일상의 남편에 대한 실망 사이에서 자신의 환상을 돌아보고 일상을 재정비하는 것이 필요했다면, 남자 친구와의 결혼을 생각하고 있던 서른세 살의 주미 씨는 실제 그 대상이 나타나 마음을 흔들었기에 심란했다.

주미 씨에게는 결혼을 약속한 사람이 있었고 결혼으로 가기까지 모든 것은 순조로워 보였다. 하지만 고등학교 때 만난 남자 친구가 유학 갔다가 한국으로 돌아왔다며 갑자기 연락을 해온 순간부터 그녀는 마음이 흔들리기 시작했다. 지금 남자 친구와의 결혼을 결심할 때만 해도 안정적이었던 그녀는 그 결혼 결심을 다시 돌아보며 마음이 혼란스러웠다.

"연락이 온 그때부터 이상했어요. 아주 어렸을 때 만나던 남자 친구를 오랜만에 보니까 그런가보다 했었는데 막상 만나니까 멋있게 변한 그의 모습에 지금 남자 친구와 계속 비교가 되었어요. 괜히 만났다는 생각이 들면서도 연락을 기다리게 돼요. 지금 제 마음을 잘 모르겠어요."

그녀의 마음을 이해하는 데에도 환상 요소를 살펴보는 것은 중요하다. 옛 남자 친구는 현재 그녀가 속해 있는 관계의 결핍뿐 아니라 그녀 스스로에 대한 결핍을 불러일으켰다. 그녀는 억압을 잘하는 편이었기 때문에 몰랐던 것일 뿐, 현재의 남자 친구에 대한 회의감이 분명 있었다. 그냥 억압하며 지나가려던 것이 옛 남자 친구와의 만남을 통해 수면 위로 떠올랐다.

"그전까지는 큰 문제가 되지 않는다고 생각했던 남자 친구의 모습에 자꾸만 회의감이 드는 거예요. 어쩌면 제가 결혼이라는 결론을 미리 세워두고 거기에 맞춰 남자 친구를 끼워 넣으려 했는지도 모르겠다는 생각이 들어요. 그렇다고 고등학교 때 남자 친구가 저에게 맞는 사람도 아니에요. 그 친구를 안 만났더라면 이 결혼이 그냥 이루어졌을 것 같아요."

그녀는 자신의 마음을 돌아보는 시간을 가지며 결국 사귀고 있던 남자 친구와 헤어졌다. 그렇다고 옛 남자 친구에게 돌아가지도 않았다. 그를 만나면 만날수록 옛 감정을 연료로 새로운 관계를 만들어나가는 것이 힘들다는 것을 느끼게 되었기 때문이다. 몇 번의 만남과 다툼 끝에 그 역시 그녀가 원하던 사람이 아니었음을 알게 되었다. 그녀는 그렇게 현재 남자 친구와 한 번, 옛 남자 친구와 두 번의 이별을 하면서 과거에 대한 미련과 현재의 결핍감을 내려놓았다. 그러면서 화려하지도 않고 불안하기는 하지만 현실을 있는 그대로 홀로 받아들이기로 했다.

누리 씨와 주미 씨는 상담을 마치며 환상과 이별해 갔다. 그리고 자꾸만 일상이 힘들 때마다 환상으로 도피하고 싶은 욕구에 시달리게 되므로 세 달 뒤 상담을 통해 깨달은 환상의 네 가지 속성에 비춰 자신을 다시 돌아보기로 했다. 사랑은 언제나 환상을 동반한 모습으로 모두의 앞에 나타나기 때문이다. 그래서 자주 마음을 정리하고 그 마음을 들여다보아야 한다. 그녀들이 정리한 환상의 속성은 다음과 같다.

하나, 꺼진 불을 다시 볼 필요는 없다. 그 불이 꺼진 데에는 이유가 있다. 억지로 이어붙인 관계에 희망은 없다.

둘, 옛 사랑이 그리운 것은 그 사람이 아니라 그 시절의 내가 그리운 것이다. 그럴 때는 예전의 나에게 있던 무엇이 안타깝고 그립기에 그때를 되살리려 하는가, 라는 질문을 해보자.

셋, 일상을 환상으로 바꿀 것이 아니라 환상을 일상으로 바꾸는 노력을 해야 한다. 힘들 때마다 환상에 기대고 싶지만 환상은 가짜이고 일상은 진짜다.

넷, 다시 사랑을 하게 된다면 언제나 첫 마음을 기억한다. 환상의 대상이 일상의 대상이 되었을 때, 그 대상에게 품었던 환상을 기억한다면 내가 이 인연을 얼마나 감사해야 하는지 알 수 있다.

환상은 사랑을 더 멋지고 의미 있게 만들어준다. 환상이 깨진 자리에 또 다른 환상을 갈아 끼우고 있는 자신을 발견하게 된다고 해도 스스로를 너무 타박하지 말자. 사랑에 빠진 모든 사람들은 환상의 연료를 필요로 한다. 다만 자꾸만 환상에 눈이 멀어 사랑을 제대로 못 볼 때가 있고 내가 가진 환상을 토대로 상대방에게 무리한 요구를 할 때가 있으니 사랑을 잘 지켜나가고 싶다면 환상을 경계할 필요가 있다. 만약 사랑에서 환상을 빼면 남는 것이 별로 없는 관계라면 그 관계의 진실성과 깊이, 견고함에 대해 더 고민해보자. 환상은 사랑을 아름답게 만들어주고 현실의 욕구를 비춰주는 거울로만 유효하다.

결   혼   의
환   상   과   현   실

결혼에 다가갈 즈음 마음을 흔들리게 하고 괴롭게 하는 결혼 환상들을 정리해보았다. 결혼에 대한 자신의 관념을 돌아보고 그 관념이 환상의 옷을 입고 우리의 마음을 흔들고 있지는 않는지 잘 들여다보자.

∴ 결혼을 해도 반짝반짝하지 않은 게 '정상'이다

결혼이 항상 반짝거린다면 결혼식 날 그렇게 많은 환상의 장식들로 스스로를 장식하며 호들갑을 떨지 않는다. 결혼식 날 처음이자 마지막으로 입어볼 드레스와 턱시도를 입고 신랑, 신부로 멋지게 입장하고 인사하고 세상에 결혼 소식을 전한다. 그게 마지막이다. 신혼여행에서 돌아온 다음부터는 단조로운 일상을 만들어나가야 할 숙제가 주어진다. 모두 다 그렇게 평범한 일상을 살아간다. 나만 환상적인 결혼 생활에서 소외되는 것이 아니다. 결혼을 하고도 매일 빛나는 삶을 사는 것처럼 보이는 누군가가 있다면 그건 그들 스스로를 잘 속이고 있거나 내가 나를 속이고 있거나, 둘 중 하나다.

∴ 결혼을 하면 힘든 게 '정상'이다

결혼하면 모든 게 낯설고 힘들 수밖에 없다. 결혼은 큰 변화다. 기대했든 기대하지 않았든 변화는 언제나 스트레스를 동반한다. 그런데 많은 사람들이 첫 직장 3년은 힘들 것을 예상하면서 결혼 후 3년이 힘들 수밖에 없다는 것은 간과한다. 결혼 후 3년은 첫 직장 3년보다 더 힘들 수밖에 없다. 직장 생활에는 역할과 범위, 한계가 정해져 있고 맞지 않아 바꿔도 이혼만큼 큰 위험부담을 주지 않는다. 하지만 결혼 생활에는 관여된 사람도 많고 서로 맞춰나가야 하는 감정적인 부담도 크고 예상하지 못한 많은 변수들이 일상적으로 올라온다. 안식처는 주어지는 것이 아니라 만들어나가야 하는 것이다. 결혼하면 힘든 게 정상이다. 그럼에도 '왜 힘들어야 하지'를 반문하게 된다면 결혼에 대한 환상을 점검해보자. 힘들 수 있다는 것을 받아들여야 힘딤을 딛고 나아갈 수 있다.

∴ 결혼 전 못 봤던 상대의 단점이 도드라져 보이는 게 '정상'이다

결혼을 하고 나면 이전에 좋아 보였던 상대의 특성이 단점으로 보이기도 한다. 상대가 숨겼거나 바뀐 것이 아니다. 그러니 결혼 전 몰랐던 상대의 단점을 알게 되었다고 너무 속상해하지는 말자. 어쩌면 상대는 우리를 보며 더 크게 놀라고 충격받은 마음을 쓸어내리고 있는지도 모른다.

∴ 결혼에 긍정적인 요소만 있다고 생각한다면 '비정상'이다

결혼생활은 매일 행복하고 열정적이고 재미있고 알콩달콩하지 않다. 모든 선택에는 감수하는 것과 새로 얻는 것이 교환된다. 설렘과 두려움 사이에서 균형 잡힌 관점을 유지하는 것이 언제나 필요하다. 현실적인 노력을 하지 않으면 아무리 좋은 관계도 내가 원하는 것을 돌려주지 않는다. 비교하지 말고 외면하지 말고 그저 내가 지금 선택한 관계를 있는 그대로 받아들이고 최선을 다하자. 그러면 결국 우리의 일상적 관계는 점점 환상에 가까워진다.

chapter 05

상처받지 않는
사랑은 없다

사랑은
상처를 남긴다

사랑은 어떤 방식으로든 상처를 동반한다. 사랑에 빠지면 내 안에 있었는지도 몰랐던 온갖 상처 경험들이 들썩이는 것을 보게 된다. 상처에 대해 연인에게 이르고 싶은 마음도 들고 무작정 떼를 쓰고 싶기도 하다. 하지만 한편으로는 감추고 싶기도 한다. 이럴 때는 연인이 구원의 손길로 단단히 붙잡아주기를 바란다. 하지만 이런 마음은 신뢰의 문제에 가로막혀 억압된다. 상대가 상처를 보듬어줄 사람인가? 이미 상처 난 마음에 더 큰 상처를 얹어놓을 사람인가? 이런 의문에 제대로 답을 할 수 없기에 연인의 구원과 치유를 기다리는 마음은 온전하게 표현되지 않는다.

지금까지 맺어온 중요한 관계에서 상처를 받은 경험을 많이 가지고 있을수록 사랑을 두려움으로 표현한다. "사랑을 원해"라고 말하는 대신, "상처 주지 마"라고 애원하거나 화를 낸다. 동등한 목소리를 내고 내적 경험을 존중받지 못할수록 사랑은 위계 구조를 따르게 된다. 피해자와 가해자, 갑과 을, 강자와 약자의 구도가 형성되는 것이다. 이런 구도에서는 아무리 우위에 있다고 해도 진정한 사랑을 경험하기 어려워진다.

심리상담 과정에서는 무의식에 뿌리 깊게 박혀 있는 근본적인 상처를 살펴보기 위해 아주 어린 시절의 상처 경험을 세밀히 살펴보기도 한다. 하지만 때로는 아주 어렸을 때보다 연애를 시작할 때부터 지금까지의 연애 패턴을 살피는 것이 현실적인 문제 해결 방안을 이끌어내는 데에 도움이 된다. 연애를 본격적으로 시작한 시기부터 겉으로 드러난 연애 패턴을 돌아봄으로써 앞으로의 연애에 대한 실마리를 얻게 된 사람들의 이야기를 따라가며 상처의 관점에서 나의 연애를 돌아보자.

상처받은 마음,
끌리는 마음

✦

       서른네 살의 현오 씨는 여자 친구를 사귈 때 딱 한 가지 중요하게 생각하는 기준이 있다. 그것은 바로 절대로 예쁜 여자는 사귀지 않는 것이다. 누구나 예뻐지고 싶어 하고 예쁜 여자들에 대해 호감과 찬양을 쏟아내는 바람에 오히려 외모 지상주의를 고민하게 되는 이 시대에 '예쁜' 여자를 절대로 사귀지 않겠다는 그의 마음은 잘 이해가 되지 않는다. 어떤 것이든 강한 거부감과 혐오감에는 의미가 있다. 특히 상처로 남은 경험과 강렬하게 연결되어 있다.

  경험을 통해 마음에 뿌리 내린 삶과 관계에 대한 사고는 이후 행동에 큰 영향력을 행사한다. 하지만 어떤 경험을 과대평가하거나 확대해석함으로써 그 경험 이면에 담긴 다른 중요한 것들을 놓치게 되는 경우도 많다. 또 그럼으로써 오히려 벗어나고 싶은 상처 경험에 갇히게 된다. 현오 씨도 마찬가지였다. 언제부터 예쁜 여자들에 대한 거부감을 가지게 되었는지 묻자 그는 이런 이야기를 했다.

"대학 2학년 때였어요. 당시 부모님이 오랜 별거 끝에 이혼해서 방황을 했어요. 경제적으로도 어려워서 학교도 휴학하고 등록금을 벌기 위해 닥치는 대로 일을 했지요. 다행히 대학 오자마자 사귀기 시작했던 여자 친구가 있어 그나마 버텼어요. 그런데 그 여자 친구가 결국에는 바람을 피우더군요. 아르바이트하느라 시간은 없었지만 그래도 여자 친구에게 소홀히 하지 않기 위해 노력했는데, 제가 그렇게 함께하기 위해 애쓰는 동안 다른 남자를 만났다는 것이 정말 큰 충격이었어요. 지금 생각하면 그럴 수도 있다고 생각은 해요. 하지만 그때는 배신감이 너무 커서 제대로 생활하지 못했어요. 한참 동안 힘들어하면서 내린 결론이, 그 여자 친구가 예쁘니까, 였어요. 그래서 다시는 그런 여자를 만나지 말자 했지요."

그는 자신이 여자 친구에게 버림받은 이유를 '여자 친구가 예뻐서'라고 귀인(어떤 행동이나 결과의 원인을 추론하는 방식)했다. 이렇게 쉽게 결론 내린 데에는 단지 여자 친구와의 관계가 부정적으로 끝났기 때문만은 아니었다.

그는 부모님의 이혼 역시 엄마가 매력적이었기 때문이라는 생각을 오랫동안 해왔다. 예쁘고 바람기가 다분한 여자와 결혼해서 오랜 시간 의심과 불안 속에서 초라한 삶을 살아온 아빠의 마음과 깊이 동일시했던 것이다. '예쁜 여자는 만나면 안 된다'는 것은 그가 태어나 가장 먼저 마주한 남녀관계에서 도출한 중요한 전제였다. 그것이 무너진 사랑의 흔적을 통해 그가 발견한 하나의 파편이다. 파편일 뿐 전체가 아니지만, 이미 상처받은 마음에는 파편의 뾰족함만 다가올 뿐 다른 관점이 들어서기 어렵다.

큰 충격과 상처에 휩싸인 모든 사람이 그렇듯 그도 자신의 마음을 편견 섞인 단정으로 몰아넣었다. 상처받은 마음은 "도대체 왜?"라는 질문에 대한 답을 중지시켜줄 설명을 필요로 한다. 누구나 상처에 허덕이는 순간 어떤 설명에라도 기대어 마음의 안식을 얻고 싶다. 그 당시 현오 씨가 찾은 설명은 '예뻐서 그래'였다. 그러니 자연히 '예쁜 여자는 안 된다'는 금기가 생긴 것이다.

아무리 사랑에 상처받았다고 해도 그는 또 다른 사랑을 하고 싶었다. 그래서 안전하게 사랑하기 위해 '예쁜 여자'를 피하게 되었다. 어떤 방식으로든 사람을 알아보는 혜안과 안목을 가짐으로써 더 이상 상처받지 않기 위해 관상 책에도 몰두했다. 하지만 이런 마음으로 연애를 하다 보니 다음 연애가 삐걱거리는 건 당연했다. 아무리 파악하려 해도 상대방을 완벽하게 아는 것은 어려웠고 피하려고 해도 예쁜 여자는 자꾸만 눈에 들어왔다. 게다가 예쁘다는 기준은 모호하고 사람마다 다르다. 또한 누군가를 좋아하게 되면 당연히 그 사람이 예쁘고 멋있게 보이는 법이다. 하지만 그는 자신의 상처에 휘둘려 불안해하며 여자 친구를 통제하려 했고 갑갑해진 여자 친구들은 결국 떠나갔다. 그럴 때마다 그는 여자를 믿지 못하는 마음의 산을 더욱 높이 쌓아갔다.

이런 그가 이번에 만난 여자 친구와의 관계만큼은 잘 유지해나가고 싶다고 생각했기에 상담실을 찾았다. 꼭 이 관계가 아니더라도 앞으로 어떤 관계를 유지해나가기 위해서는 자신이 변해야 할 필요가 있다는 것을 깨달았다고 한다. 그간의 경험을 돌아보면서 자신이 관계 전반에 대해 가지고 있는 부정적인 생각과 감정을 정리하고 싶다고 했다.

"사실 머리로는 제가 좀 억지를 부리는 것 같다는 생각도 하고 너무 보수적으로 여자 친구를 구속하려 든다거나 집착이 심하다는 것을 알아요. 하지만 알면서도 일단 상황이 닥치면 불안하고 화가 나서 견딜 수가 없어요."

　그는 자신의 지난 연애 패턴을 돌아보며 생각보다 첫 여자 친구와의 이별과 부모의 불화가 자신의 행동에 큰 영향을 미쳤다는 것을 보다 분명히 보게 되었다. 자신의 경험을 넓게 살펴보면서 이전 여자 친구가 예쁜 여자라서가 아니라 자신만큼 관계를 소중히 여기지 않았을 뿐이라는 것, 엄마가 매력적이기 때문이 아니라 아빠와 엄마의 신뢰가 부족했기 때문에 관계가 삐걱거렸다는 것을 깨달았다. 또한 자신이 다른 친구와의 관계를 탄탄하게 만들어두지 않고 오로지 여자 친구에게만 의존하려 했던 것이 이별로 인한 상처를 더욱 크게 만들었다는 것을 깨달았다. 이런 사실들을 바로 보게 되자 연애를 하며 누군가를 만나고 헤어지는 만남과 이별의 전환이 이전처럼 너무 큰 충격과 재앙으로 다가오지 않았다.

　이렇게 자신의 마음을 객관화하는 데에는 무엇보다 자신이 변하고자 하는 욕구가 가장 중요하다. 그 역시 자신이 잘못되었음을 알고 바뀌고 싶다고 느꼈기에 상담실 문을 두드린 것이다.

　"떠날 사람이라면 제가 어떻게 해도 떠날 것이라는 걸 이제는 알겠어요. 사랑을 증명해달라고 요구하기보다는 믿고 기다려주는 것도 필요함을 깨달았습니다. 전에는 누구를 만나도 이 사람은 바람기가 있을 것인가, 아닌가에 초점을 맞추다 보니까 다른 장점은 보려고 하지 않았던 것 같아요. 그러면서 상대방에게 자꾸 사랑을 확인하고 보여달라고 졸랐던 것 같아요."

전에도 몰랐던 사실은 아니었다. 하지만 머리로 인식하는 것과 마음으로 느끼는 것은 다르다. 마음으로 느낀 통찰만이 상처의 잔해로부터 우리를 구해주고 자신을 근본적으로 변화시킨다. '~해야 한다'는 머리의 인식이 '~하고 싶다'는 마음의 통찰로 건너오는 데에 많은 시행착오가 있었지만 그는 점점 더 과거의 상처로부터 스스로를 자유롭게 만들어 갈 수 있었다.

사랑받기에
충분히 예쁘지 않다는 상처

현오 씨가 '예쁜 여자는 안 된다'는 관념 때문에 힘들어했다면 서른한 살의 유진 씨는 '남자는 예쁜 여자만 좋아한다'는 생각에 사로잡혀 사랑에 힘들어했다. 그녀의 마음은 언제나 '자기 의심'이라는 안개 속을 헤매고 있었다. 특히 관계 초반에 자기 의심이 너무 컸으며 이로 인해 외모에 대한 자신감이 바닥으로 떨어졌다.

"남자 친구가 없을 때나 사귄 지 시간이 조금 지나면 그런 마음은 가라앉는 편이에요. 그런데 좋아하는 사람이 생겼을 때와 헤어진 직후에는 자존감이 바닥으로 떨어져요. 이러다가 평생 다이어트만 하며 살겠구나 싶어요. 카드 값이 걱정될 정도로 화장품이며 옷 쇼핑을 너무 많이 해요."

이렇게 말하는 유진 씨의 외모는 객관적으로 꽤 매력적인 편이었다. 하지만 정작 그녀 자신은 이런 점을 받아들이지 못해 연애 앞에서 한없이 작아지기만 했다. '외모에 대한 과도한 집중'과 '자의식', '자기 의심' 역시 사랑의 경험을 방해한다. 그리고 이런 모습을 잘 살펴보면 상처에서 비롯됨을 알 수 있다. 어떤 관계든 상처는 남지만, 문제는 이런 상처가 사랑을 방해해서 또 다른 사랑의 상처를 불러오는 데에 있다.

사랑과 관련된 그녀의 상처 경험들을 되짚어보자 20대 초의 사건이 떠올랐다. 그녀에게는 성격도 좋고 외모도 매력적인 단짝 친구가 있었다. 그 친구는 어딜 가도 사랑받았다. 그녀와 함께한 동아리에서도, 과모임에서도 모든 남학생들이 그 친구에게만 집중했다. 언젠가부터 자신은 꿔다 놓은 보릿자루처럼 그냥 억지로 웃고 있었고 그런 날들이 반복될수록 집에 돌아오는 길이 쓸쓸하고 싫었다.

"난 뭔가 싶은 거죠. 다들 소연이가 무슨 얘기를 하고 어떤 행동을 하는가에 집중하고 있고 제가 뭘 하든 눈여겨 봐주는 사람은 없는 거예요."

그러다가 결정적으로 동기 남자 친구가 술김에 한 이야기가 그녀의 가슴에 비수를 꽂았다.

"난 사실 소연이랑 사귀고 싶어서 너랑 친해진 거야."

그때 그 일은 그녀에게 두고두고 상처가 되었다. 유진 씨는 그 남자 친구에게 호감이 있었고 그 남자 친구 역시 자신에게 호감이 있는 줄로 착각하고 있었기 때문이다. 하지만 아주 잔인한 방법으로 자신이 좋아하는 사람이 자신을 좋아하지 않는다는 것을 알게 되자 그녀는 해결하기 힘든 감정들에 시달렸다. 배신감, 초라함, 질투심, 시기심, 위축감, 비참함 등 그 가운데 가장 힘든 마음이 수치심이었다. 그녀는 아무에게도 말하지 못하고 오랜 시간 힘들어했다. 결국 휴학을 하고 성형수술을 했다. 그렇게 외모를 바꾸고 나서야 다시 그녀를 상처 입혔던 학교로 돌아갈 용기가 났다. 물론 성형수술로 자신감은 회복했지만 상처 입은 그녀의 마음을 다 위로해주지는 못했다.

"누가 저를 좋아한다고 해도 의심부터 하게 되는 거예요. '나 같은 애를 왜?' 그런 생각이 들어요. 어떨 때는 제 외모가 마음에 들고 우월감도 느껴요. 하지만 또 다시 슬그머니 기분이 울적해지고 거울을 보면 제가 못생긴 것만 같아요. 더 꾸며야 한다는 강박에 휩싸이게 되지요. 또 한편으로는 성형을 한 걸 다른 사람들이 알게 될까 봐 두려운 마음도 있어요. 자연 미인을 생각하며 혼자 열등감을 느끼는 거죠."

유진 씨는 자신감이 떨어질수록 더욱 철저하게 외모를 관리했지만 근본적인 불안과 상처를 보듬는 방법이 아니라는 것을 깨닫게 되었다. 몇 번이고 데이트를 하던 남자 친구들과의 관계가 끝나고 마음이 나락으로 떨어졌다가 겨우 연애를 시작해서 관계가 이루어지면 마음이 조금 나아졌다가 또 다시 끝난 연애에 마음이 추락하게 되는 과정을 반복하면서 마음의 변화가 필요하다는 생각을 했다.

자신이 왜 이렇게 연애에 연연하고 스스로에 대해 자신감이 없는지를 살피고 흐물흐물해진 마음을 붙잡기 위해 상담을 받기 시작하면서 결국 상처에 휘둘리고 있는 것은 자신이고 그 상처를 주고 있는 것도 자신임을 깨달았다. 사랑받기 위해 자신이 해온 많은 행동들이 문제가 있었음을 알게 된 것이다.

"제가 너무 남의 눈을 의식하는 걸 알았어요. 연애에만 그런다고 생각했는데 그건 한 부분에 불과할 뿐 일상의 모든 면에서 다른 사람의 반응에 전전긍긍하며 살고 있다는 걸 알았어요. 심지어 길 가다가 그냥 스쳐지나가는 남자들에게까지 예쁘다는 소리를 듣고 호감을 얻어내려고 노력하는 저를 보고는 정신이 번쩍 들었어요. 그 사람이 날 어떻게 생각하든 그게 뭐라고 저 자신에게 그렇게 혹독했는지 모르겠어요."

그녀는 자신의 모습을 보다 객관적으로 살펴보면서 자신의 마음뿐 아니라 그 마음이 다른 사람과의 관계에서 어떻게 작용할 수 있는가, 더 정확하게는 자기 자신이 얼마나 취약해질 수 있는가를 분명히 보게 되었다.

"사람들은 본능적으로 제가 눈치보고 있다는 걸 알고 있는 것 같아요. 그러니까 저를 더 쉽게 생각하고 저는 또 상대에게 휘둘리고, 그게 반복될 수밖에 없지요. 내가 만나는 사람들은 왜 다 나쁜 사람이었던가를 고민해본 적도 있었는데 지금 생각해보면 제가 휘둘리기 쉬우니까 그런 사람들을 만났던 것 같아요. 연애를 하면서 자존감이 바닥으로 떨어지면 헤어지면 될 텐데 그러지 못했던 거죠. 자존감이 떨어지니까 헤어지는 것도 무서워했어요. 헤어지고 나면 제가 완전히 너덜너덜해지는 거죠. 이제는 달라져야 할 것 같은데 20대 때 그런 연애만 해오다 보니 이제는 뭘 어떻게 해야 될지도 모르겠어요. 당분간 연애는 하지 않고 저에게 집중하는 것이 좋겠다는 생각이 들어요."

보다 건강한 방식으로 관계를 맺기 위해 그녀는 자신을 힘들게 하는 관계에서 벗어나 타인에게 주었던 주도권을 자기 자신에게 가져오는 과정이 필요하다. 그 과정에서 그녀는 사랑을 받기 위한 조건으로 예쁜 외모가 가지는 영향력을 과대평가하고 있는 점을 더 객관적으로 볼 필요가 있다.

예쁜 외모는 누군가의 호감을 사는 데에 긍정적인 자원임은 분명하다. 게다가 외모만큼 어떤 한 사람을 구성하는 데 있어 구체적이고도 분명한 인상을 주는 것이 없다. 유진 씨가 맺는 관계의 깊이에 따라 자기의심에 출렁거렸던 것만 봐도 그렇다. 연애가 시작되거나 끝날 때, 혹은 관계가 갈등 상황에 있어서 서로의 결속력을 느낄 수 없을 때일수록 외모는 더 중요한 의미를 부여받았다. 그녀뿐 아니라 우리가 타인과 맺는 모든 관계에서 외모라는 단서는 관계가 얕거나 일시적일수록 더 큰 중요성을 띤다. 반면 깊고 안정적인 관계에서는 외모가 차지하는 지분이 그만큼 줄어든다. 문제는 사회의 변화가 빨라질수록 관계 역시 빠른 결정과 조건에 맞춘 교환의 특성을 띄게 되는 데에 있다.

가끔 관계를 어떤 지점으로 끌고 가야 할 것인가를 결정하는 데에 서둘러 결정을 내리라는 압박감을 느끼기도 하고, 겉으로 보이는 것에만 이끌려 깊은 교감을 나눌 대상을 선택하기도 한다.

하지만 외모가 사랑을 받기 위한 가장 중요한 조건도, 유일한 조건도 아니다. 게다가 타인의 변덕스러운 기준과 평가에 위축되고 길거리에 지나가는 행인에게까지 예쁘게 보이고 싶어 외모에 온 신경을 집중하다 보면 자신이 얼마나 매력적인 존재인지 스스로 인식하지 못하는 우를 범하게 된다. 결국 유진 씨의 마음처럼 스스로를 불안정한 자리에 몰아넣게 될지도 모른다. 자신에 대해 당당해야만 타인의 변덕스런 인식에 휘둘리지 않으며 연애 역시 수월해진다. 외모에 대한 자의식과 수치심에 힘들다면 '매력적인 외모'와 '좋은 연애' 사이의 상관관계에 대한 내 인식이 과장되어 있거나 위축되어 있는 것은 아닌지 잘 살펴봐야 한다.

상처만 주는 대상에게
사랑을 갈구하기

서른다섯 살의 미혜 씨는 언제나 냉담한 남자에게 끌린다고 말했다. '냉담함'은 일반적으로 사랑이라는 관계에서 원하는 배려, 다정다감함, 따스함과 잘 어울리지 않는다. 하지만 그녀는 자기중심적인 사람 옆에서 자기 자신이 중요하거나 특별한 존재로 느껴지지 않는 감정에 익숙했다. 따스함을 원했지만 항상 냉담함 옆에 바짝 붙어 있었다. 이런 모순 사이에서 미혜 씨는 갈등하고 지쳤지만 그렇다고 마음이 가지 않는 상대를 만날 수도 없었다. 다정다감한 남자들은 이상하게도 그녀의 마음에 오래 머물지 못했다.

"적극적인 모습을 보이지 않는 남자들의 마음을 얻으려고 노력했었어요. 그러니 연애가 항상 슬펐어요. 슬프고, 외롭고, 또 끝나면 허무하고 공허했어요. 그래서 이번에는 꼭 나를 사랑해주는 착한 남자를 만날 거라고 다짐을 하지만 결국 만나게 되는 사람은 냉담하고 이기적인 사람이에요. 안 그런 줄 알고 만났던 사람도 결국에는 그런 사람인 경우도 있었죠. 나는 왜 이런 남자들만 만나나, 생각하기도 하는데 가끔은 제가 문제인가 싶어요."

어떤 특정한 남자에게만 끌린다는 것, 더구나 그 남자가 본질적으로 자신이 원하는 사랑을 줄 수 없는 대상임을 반복적으로 발견하게 된다는 것은 아프지만 나의 무의식과 의식 사이에 심각한 균열이 있다는 것을 보여주는 중요한 신호다. 원하는 사랑을 받으려면 원하는 것을 줄 수 있는 사람을 만나야 하는 것이 당연하다. 하지만 연애는 자신의 욕구를 있는 그대로 실현하는 데 어려움을 겪게 한다.

이처럼 상식의 관점에서는 이해되지 않는 잘못된 방향으로 자신을 이끌어가게 되는 일은 생각보다 비일비재하다. 미혜 씨는 다정하게 사랑받고 싶다. 하지만 결국 내 마음을 보듬어주고 치유해주는 사람이 아닌, 상처를 자극하는 사람에게만 마음이 반응하고 그걸 알면서도 그 관계에 집착했다. 그녀에게는 상대의 냉담함을 아프게 받아들이고 이를 수정하기 위해 애쓰는 방식을 살펴보는 것이 직접적인 변화를 위해 더 중요했다. 왜냐하면 그녀는 상대가 냉담하기 때문에 자신의 마음이 아프다는 생각에 상대를 바꾸기 위해 모든 에너지를 쓰고 있었기 때문이다.

미혜 씨는 언제나 애원하는 입장이었다. 자신에게 차갑게 대할까 봐 전전긍긍했고 태도가 차가워지면 그 마음을 돌리기 위해 애원했다. 그런 자신에 비해 요지부동인 것처럼 보이는 상대가 야속하기도 했지만 또 그러다가 자신의 모습에 질려서 상대가 떠나갈까 봐 걱정하기도 했다. 하지만 상대가 냉담한 가시를 달고 있는 선인장이라면 나를 위해 가시를 감추거나 없애라고 부탁해도 본질적으로 그럴 수가 없다. 그를 구성하는 중요한 성격이기 때문이다.

미혜 씨는 '나를 사랑한다면'이라는 단서를 걸고 상대가 바뀌기를 열렬히 바라고 있었지만 그녀를 사랑한다고 해도 그는 자신을 바꾸기가 어렵다. 아주 잠깐은 그녀의 요구에 이끌려 자신이 바뀐 '척'할 수는 있겠지만, 결국은 그녀를 만나기 전까지 반복해온 자신의 삶으로 돌아갈 수밖에 없다. 그러니 그를 향한 그녀의 내적 질문은 달라져야 한다. "그는 왜 나를 위해 다정하게 해줄 수 없을까?" 대신 "왜 나는 나에게 다정하지 않은 사람에게 매달려 있을까?"라는 질문이 필요하다.

사랑이라는 관계는 자주 주어가 되어야 할 나를 망각하고 상대를 그 위치에 세우게 된다. 그리고 수많은 의문 부호로 모호한 상대의 마음을 나의 욕망과 두려움에 대입하여 짐작하기도 한다. "그는 나를 사랑할까? 그는 어디에 있을까? 그는 무엇을 원할까?" 이런 질문은 상대에 대한 환상을 깨고 실제로 만나고 함께한 시간이 깊어지면 확언으로 전환된다. "그는 나를 사랑한다, 그는 지금 여기에 있다, 그는 나를 원한다"로 말이다. 물론 확신은 앞으로 펼쳐질 관계를 통해 새로운 의문문과 확언으로 채워지고 비워지기를 반복하게 될 것이다. 그리고 '우리'와 '상대'라는 관계 범주에서 떨어져 나와 독립된 '나'의 욕구와 두려움을 살피고 세우는 것 역시 함께해야 한다. "나는 그를 사랑할까? 나는 지금 어디에 있을까? 나는 무엇을 원하는가?"에서 "나는 그를 사랑한다, 나는 지금 그와 함께 있다, 나는 그와 함께하기를 원한다"로의 전환이 필요하다.

사랑에 빠져 있을 때 미혜 씨는 주어를 온통 상대로 채우며 의문문이 확언으로 넘어가지 못해 관계를 위험에 빠뜨렸다. 연애 초반 강렬한 이끌림을 표현하며 서로에게 집중하는 동안 그녀 역시 상대의 마음에 열광하고 들썩이며 그 마음의 진실성을 가늠하려 애썼다. 그러면서 상대가 보여준 '냉담함을 뚫고 나온 다정함'에 크게 흔들렸다. 본래는 냉담하지만 그녀에게는 다정하게 구는 그의 모습이 세상 어느 것보다도 황홀한 축복으로 다가왔다.

찾기 어려운 것을 홀로 획득한 것 같은 기쁨, 다른 누구도 불가능하지만 나만은 가능하다는 이 특별함과 비범함이 주는 마음의 힘은 아무리 사소한 것이라도 존재 자체를 뒤흔들 정도로 강력한 것이 된다. 나만이 할 수 있는(것 같은) 대체 불가능한 진짜의 힘인 것이다. 미혜 씨는 이런 '냉담함을 뚫고 나온 다정함'이라는 특별함이 주는 힘에 끌렸고 이를 진짜로 여겼다.

그녀는 이제 자신의 질문을 다르게 설정했다. "왜 네가 이렇게 냉담해?"라는 질문을 "왜 내가 냉담한 너에게 바짝 다가가려 했을까?"라는 질문으로 바꿨다. 이 질문을 자신에게 하자 그녀는 물론 관계도 다르게 펼쳐지기 시작했다. 그토록 다정함을 요구받을 때는 냉담하게 대하던 남자 친구가 거리를 두기 시작한 그녀의 마음을 붙잡기 위해 다시금 '냉담함을 뚫고 나온 다정함'을 조금씩 보여주기 시작했기 때문이다.

이런 변화를 겪으면서 그녀는 사랑이라는 건 요구를 통해 얻을 수 있는 것이 아니라 적당한 거리를 통해 채워지는 것이며 그 동안 자신이 상대의 냉담함에 집중하느라 상대가 다정함을 보여줄 수 있는 기회를 펼칠 마음의 공간을 주지 않았다는 것을 알게 되었다. 실제로 원하는 것을 줄 수 없는 대상을 선택했던 것도, 원하는 것을 줄 수 있는 대상임에도 줄 수 없게 만든 것도 자기 자신이 아니었나를 살피게 되었다.

건강한 관계는 서로 바짝 붙어서 온통 상대 생각으로 머릿속을 가득 채우는 것이 아니라 거리를 두고 상대가 아닌 나에게 집중하는 시간과 여유를 허락하는 관계다. 하지만 결국 미혜 씨는 상담을 마치면서 남자 친구와 헤어지기로 했다. 그녀는 이제 가끔씩 다정한 남자가 아닌 원래 다정한 남자를 만나고 싶다고 했다. 그리고 이런 헤어짐의 방식 역시 그녀에게는 낯설고도 새로운, 그러면서도 건강한 변화였다.

"지금까지 남자 친구를 만나며 한 번도 제가 먼저 헤어지자고 말해본 적은 없었어요. 끝까지 미련을 두고 제 마음이 완전히 연소하기를 기다리며 상대의 처분에 따랐던 것 같아요. 하지만 이번만큼은 제가 원하는 것이 이런 게 아니었다는 것을 처음으로 냉정하게 판단하게 되었어요. 이제는 뭐가 진짜인지 더 확실하게 알겠다는 느낌이에요."

사랑은 때로 가짜 중에 진짜 찾기, 그것도 진짜 중에 진짜 찾기의 여정이다. 자기 안에서 진짜를 찾기 힘겨울 때 상대에게 진짜를 보여달라고 요구하게 된다. 그러면서 내가 원하는 만큼 돌아오지 않는 마음에 아파하며 스스로를 더 힘들게 한다. 내가 힘들어지면 관계는 더 큰 부담이 가고 상대에게 더 많은 것을 요구하게 된다. 하지만 상대를 바꿀 수 없고 내가 원하는 것을 상대가 가지고 있지 않다면 내가 아무리 가슴을 치며 요구해도 상대는 끝내 내어줄 수 없다.

미혜 씨는 이런 악순환의 고리를 스스로 끊는 결정을 내리고 실행에 옮김으로써 새로운 시작을 준비할 수 있게 되었다. 원하는 것을 줄 수 없는 대상에게 매달리는 것이 아니라 원하는 것을 줄 수 있는 대상에게 내가 원하는 것을 분명히 말할 수 있는 건강한 관계를 위한 시작 말이다. 모든 사랑은 상처에서 시작되지만 사랑은 상처의 '반복'이 아닌 '회복'이 되어야 한다.

상 처 에   휘 둘 리 지
않   기   위   해

상처는 사랑 경험에 큰 걸림돌이 된다. 해결되지 못한 하나의 상처는 또 다른 상처를 불러온다. 상처받은 마음은 사랑의 치유를 필요로 하지만 상처는 사랑을 필요로 하는 순간 사랑으로부터 가장 멀리 떨어뜨려 놓는다. 역설적이게도 상처가 깊어 더 많은 사랑이 필요한 마음이, 상처에 휘둘려 사랑을 못 받게 되는 것이다. 그러니 내 안에 웅크리고 있는 상처가 사랑에 어떤 영향을 미치고 방해 공작을 펼치는지를 잘 살피자.

상처의 악순환에 갇힌 사람들은 연애를 할 때 긍정적인 롤모델이 아닌 부정적인 반면교사의 영향을 더 크게 받는다. "이런 사랑을 해야지"가 아니라 "절대로 저렇게 사랑하지 말아야지"라는 결심에 더 많은 시간과 에너지를 쏟는다. "저러지 말아야지"라는 결심과 전략은 자신의 상처와 연결된 정보에 더 크게 반응하고 확대해석하게 된다. 그럼으로써 자신이 끊어내고 싶은 부정적인 단서에 자신을 더 깊게 결속시킨다.

예를 들어 아빠의 불륜에 깊은 상처를 받았던 누군가가 있다고 하자. 그런 사람일수록 실제 경험은 물론 그 경험으로 얻게 된 마음의 확대경을 통해 자신도 모르게 다른 커플의 불륜 경험을 수집한다. 상대의 불륜 가능성에 집중하느라 진심어린 마음을 제대로 못 받아들일 수 있다. 불륜이라는 단서와는 상관없이 상대를 있는 그대로 사랑하는 것을 놓치게 된다.

이런 마음에 균형 감각을 심어주기 위해 자신의 상처 경험에 반하는 증거를 보여주는 긍정적인 롤모델을 찾는 데에 집중할 필요가 있다. "이런 사랑을 해야지" 하는 롤모델에 일부러라도 더 귀를 기울이고 그런 사람들을 가까이 하자. 상처는 이미 과거에 내가 경험한 것이기 때문에 그 강력한 마음의 힘을 무시할 수는 없지만, 상처의 파급을 중화시키는 반대편의 이야기에 귀를 기울이게 되면 그 이야기가 내 현실에 더 가까워질 수 있을 것이다.

∴ 한 걸음 더 나아가는 용기를 가진다

누군가를 만나기 전까지 상처는 본래 자신 안에만 있던 것이지만 누군가와 만남을 시작했기에 자신의 상처 경험은 이제 단지 자신만의 것이 아닌 '우리'의 것이 된다. 의도했든 의도하지 않았든 관계가 깊어질수록 숨어 있던 상처의 판도라 상자가 어느 순간 열리게 된다. 하지만 이 말은 이제 상처가 나만의 것이 아닌 우리의 것이니 상대가 알아서 내 상처를 보듬어줘야 한다는 뜻이 아니다. 다만 상대가 나에게 다가오는 길에 내 상처에 걸려 넘어져 다치거나 가로막히지 않도록 그전에 공유하고 함께 치유하는 노력을 할 필요가 있다.

누군가를 깊이 만나다 보면 어느 시점에서는 이해가 되지 않는 상대의 마음에 가로막혀 관계가 정체된 느낌을 받게 된다. 그전에 내가 어떤 점에서 마음이 어렵고 상대가 이런 마음을 감안해서 어떻게 다가와줬으면 하는지 이야기하자. 한 번에 모든 이야기를 다 해줘야 하는 것은 아니다. 하지만 함께하는 시간이 쌓여가고 관계가 깊어질수록 내가 지금 할 수 있는 만큼보다 반 발짝만 상대에게 더 다가가는 용기를 가진다면 스스로도 상처에 휘둘리지 않고 상대도 상처에 당황하지 않으며 관계를 보다 단단하게 만들어갈 수 있다.

∴ 지금까지와 다른 시도를 한다

상처는 마음을 얼어붙게 하고 행동을 정형화한다. 어떤 사람은 깊은 상처 때문에 관계를 시작할 용기를 못 내고 어떤 사람은 혼자 있는 자신을 견딜 수 없어 자기 자신을 끊임없이 관계 속에 몰아넣는다. 혼자 지내는 시간이 너무 많은 것도, 너무 적은 것도 문제가 될 수 있다.

상처에서 벗어나 원하는 사랑을 하려면 새로운 시도를 해보는 용기가 필요하다. 사랑이라는 관계에서 가장 두려워하는 것을 시도해보자. 그 과정은 쉽지 않고 시도한다고 해서 원하는 것을 쉽게 얻을 수 있는 것은 아니지만 경험과 인식이 확장되면서 어느 순간 상처로부터 더 멀리 벗어나 있는 자신을 만나게 될 것이다.

chapter 06

사 랑 에 는
패 턴 이 있 다

나를 바꾸지 않으면
다른 연애를
기대할 수 없다

●　이별하면 아픈 게 당연하다. 그렇기에 이별을 감행하
기 위해서는 힘이 필요하다. 하지만 어떤 사람들은 이
별 후 부서진 마음을 어찌할 줄 몰라 힘들어하고 또
어떤 사람은 이미 지친 마음 때문에 변화를 감행하기
힘들어한다. 이별 전후, 상담실을 찾은 사람들을 만나
다 보면 흔들리는 마음속에 많은 단서가 담겨 있다는
것을 발견하게 된다. 이런 흔들림은 지금까지 자신이
스스로를 대하는 방식, 타인과 관계를 해나가는 방식
에 변화가 필요하다는 것을 보여주는 '계기'이자 '신호'
이다. 중요한 대상을 상실해도 결국 중요한 것은 '그

사람'이 아닌 '나 자신'이기 때문이다. 그러니 관계 속 내 모습을 돌아
보는 것, 그리고 관계에서 얻은 교훈을 마음에 품고 새로운 시도를 하
는 것이 가장 중요하다.

보통 만나는 사람이 달라지면 다른 관계를 맺는다고 생각하지만 사실
잘 들여다보면 큰 변화는 없다. 내가 달라지지 않는 한, 관계는 달라
지지 않는다. 지금까지 모든 연애가 힘들었다면 문제는 나에게 있다.
나를 바꾸지 않으면 다른 연애를 기대할 수 없다.

관계는 마음을 비춰주는 거울이고 연애는 나의 취약성을 가장 여실히
드러내준다. 다른 관계에서는 적당히 감추고 외면했던 내 마음에 대
한 진실과 진심을 연애에서는 통제하기 어렵다. 그런 마음을 억지로
억압하거나 탓하기보다는 연애를 통해 내가 무엇을 원하고 두려워하
는지, 어떤 사람에게 끌리고 어떤 행동이 나를 흔드는지를 잘 들여다
보자. 누구를 만나 어떤 사랑을 한다 해도 내 사랑에는 패턴이 있다.
치유와 성장을 방해하는 내 안의 장애물인 나쁜 패턴과 이별하자. 그
러면 그 패턴에서 벗어나 더 나은 나로 바뀌어나갈 수 있다.

연애의
도돌이표

✦

　　　　　　서른두 살의 은이 씨는 최근에 1년 넘게
사귀던 남자 친구와 이별했다. 남자 친구와 헤어진 후 마음이 너
무 힘들어서 다니던 직장마저 그만두게 되었다. 이대로 있다가는
깊은 상실감과 우울감에 다시 일어설 용기가 나지 않을 것 같아서
상담을 받기로 했다.

　"남자 친구가 저에게 참 모질게 굴었어요. 그래서 사귀는 동안
에도 많이 울었는데 이렇게 헤어지고 보니 제가 또 마음을 열고
누군가를 사랑할 수 있을까 싶어요. 생각해보면 그 사람을 만나기
전에도 항상 연애가 힘들었어요."

　그녀는 의심을 많이 하고 요구적인 남자 친구를 만나면서 많이

힘들어했다. 처음에 그녀는 자신의 남자 친구가 단순히 어려운 가정환경에서 자라 질투심과 소유욕이 강하다고만 생각했다. 이해할 수 없는 남자 친구의 행동과 말에 대해서도 자신을 아끼고 사랑해서 그런 것이라고 받아들이려 노력했다. 하지만 남자 친구의 의심은 시간이 갈수록 더해졌고 그녀에게 요구하는 것도 갈수록 많았다.

"저에게 이거 해 달라, 저거 사 달라, 요구하는 것이 많았어요. 제가 뭘 원한다고 하면 화를 내면서요. 저는 이 관계가 비정상적이라는 것을 알면서도 끊지 못했어요. 헤어지면 더 힘들까 봐 두려웠던 것 같아요. 그런데 결국 그 사람이 바람을 피우고 있다는 것을 나중에야 알게 되었고 너무 큰 충격을 받았지요. 그 사람은 항상 제가 바람을 피울까 봐 의심하고 불안해했었거든요. 그래서 모든 게 두려워요. 그런 사람을 선택한 제 자신에게 큰 회의감이 들어요."

이별은 중요한 대상을 상실하는 것을 의미한다. 함께 나눈 좋은 과거의 기억은 물론 함께 세운 미래에 대한 설렘과 희망도 이제는 공허하고 의미 없는 마음의 얼룩이 된다. 어떤 이별 방식은 대안 없이 관계에서 내쫓긴 마음에 폭력적이기까지 하다. 그런데 이런 상실감과 함께 감자줄기처럼 딸려오는 감정들이 더 있다. 이 감정은 사람에 따라, 이별 방식에 따라 조금씩 다를 수는 있지만, 은이 씨는 상대와 헤어진 이 상황에서 사랑에 대한 두려움과 자신에 대한 회의감을 깊이 느끼고 있었다.

두려움은 그녀에게 익숙한 감정이다. 남자 친구를 만나기 전 자신이 사랑을 받지 못하는 사람일까 봐 오래 두려워했다. 그녀는 짝사랑만 반복해오며 아픈 설렘 속에서 살았다. 먼저 다가오는 사람도 있었지만 언제나 자신이 없었다. 하지만 관계는 혼자 하는 것이 아니라 둘이 함께하는 것이기에 거절당할 수도 있고 끝날 수도 있는 위험이 있지만, 두려움을 이기고 사랑에 나를 던질 수 있어야 비로소 관계는 시작이 된다. 은이 씨처럼 짝사랑만 반복하는 사람들이 있다. 이들은 짝사랑을 더 안전하게 느끼며 마음을 드러내는 것을 두려워한다. 한 번도 해보지 않았기에 느끼는 경험의 부족이, 또는 시도했으나 실패하고 상처받았기 때문에 가지게 된 경험의 과잉이 자기 감정을 가둔다.

"항상 두려웠어요. 연애를 하기 전에는 사랑을 못 받을까 봐 두려웠다면 연애를 하고 있는 중에는 버림받을까 봐 두려웠어요. 연애가 끝나고 나면 영영 이렇게 혼자 남겨질까 봐 두려워요."

첫 연애를 시작할 무렵 은이 씨는 계속된 짝사랑에 지쳐 있었

다. 이러다 영영 사랑받을 기회가 없을 수 있다는 절박함과 불안
감도 함께 느꼈다. 그 즈음 그녀는 처음으로 용기를 내어 짝사랑
하고 있던 누군가에게 고백을 했다. 다행히 그는 그녀의 마음을
기꺼이 받아주었고 그녀는 잠시 행복에 젖었다. 하지만 시간이 갈
수록 관계는 쉽지 않았다. 그녀는 그를 위해 최선을 다했지만 그
는 사랑을 되돌려주지 않았다. 그는 점점 그녀에게 소홀했다. 그
녀는 시간이 갈수록 혼자만 그 관계를 지키기 위해 노력하고 있
는 것 같다는 생각을 지울 수가 없었다. 결국 그는 점점 그녀를 피
했고 제대로 만나 이별을 이야기하지도 않은 채 관계는 끝나고 말
았다. 그 후 만나게 된 두 명의 남자 친구와의 관계도 크게 다르지
않았다.

그녀는 연애를 하기 전에는 두려움이 자신의 마음을 잠식하는
바람에 어쩔 줄 모르다가 관계가 시작되면 자신만 너무 애쓰다가
결국에는 홀로 남겨지게 되는 패턴을 반복했다.

"다른 친구들은 적당히 잘해주라고 하는데 이상하게 저는 '적당
히'가 잘 안 돼요. 좋아하게 되면 그냥 다 챙겨주고 잘해주게 돼요."

그 후 그녀는 연애가 너무 힘들었기에 한참동안 연애를 하지 않
았다. 그런데 그 공백을 깨고 어렵게 만난 남자가 하필이면 자
신의 결핍감에 밀려 상대의 마음을 알아주지 못하는 바람둥이 애

어른이었다. 결국 그 남자는 그녀가 그전까지 품고 있던 두려움을 가장 최악의 방식으로 현실화했고 그녀를 오래 상처 입혔다. 그녀 안의 두려움을 지워주기보다는 더 크게 자극시키는 방식으로 관계가 끝이 났다.

과거의 패턴은
현재의 패턴이 된다

은이 씨에게는 자신의 과거를 돌아보는
시간이 필요했다. 남자 친구를 만나기 전 그녀가 사랑에 대한 어
떤 두려움과 방어를 품고 살아왔는지, 그리고 그것이 남자 친구를
선택하는 데에 어떤 영향을 미쳤는지, 또 만나는 내내 고통스러웠
으면서도 왜 그 관계에서 벗어나지 못했는지를 말이다. 패턴을 살
펴보기 위해 사랑에 대한 갈망을 느꼈던 최초의 시간 동안 어떤
경험을 했는가를 살펴볼 필요가 있다.

부모는 우리가 세상에 태어나 가장 먼저 만나는 사람들일 뿐 아
니라 생존을 위해 절대적으로 의존해야 할 수밖에 없었던 대상이
다. 그래서 부모의 생각과 행동, 생활양식은 우리의 심리에 큰 영

향을 미친다. 의식하든 하지 못했든, 감정, 자아상, 남녀관, 세계관 등 생각과 생활 방식 곳곳에는 부모의 잔재가 남아 있다. "나는 절대로 엄마 아빠처럼 살지 말아야지"라고 생각한다고 해도, 완전히 단절시키는 것은 말처럼 쉽지 않다. 쉽게 끊어내기 어려울 뿐 아니라 끊어내려 할수록 더 끈덕지게 달라붙는 것이 부모의 그림자다.

1남 2녀 중 첫째인 그녀는 시골에서 자랐다. 그녀는 자신의 부모에 대해 처음에는 '무난한 분들'이라고 했다. 하지만 그것은 그녀가 어린 시절부터 부모로부터 받은 크고 작은 실망감을 억누르기 위해 스스로에게 해온 변명이자 합리화일 뿐이다. 공무원인 아빠는 자신의 이상에 비해 초라한 현실을 받아들이지 못해서 쉽게 화를 냈고 엄마를 때리기도 했다. 그에 반해 엄마는 순종적이고 희생적이었다. 엄마는 아빠와의 정서적 유대가 전혀 없는 결혼 생활을 견디며 종교 생활에서 마음의 안정을 얻었다.

그녀는 자신이 사랑 없는 결혼에 의무로 묶여 있을 수밖에 없는 아이라고 생각했다. 부모의 불행에 대한 책임감과 죄책감을 크게 느끼며 자랐다. 그 무게는 스스로도 의식할 수 없을 정도로 무거운 것이었지만 너무 오랫동안 당연하게 받아들여 왔다. 그리고 이런 과한 책임감과 죄책감은 그녀의 연애에도 그대로 드러났다. 그녀는 그렇게 억압하고 참고 타인을 돌보는 데에는 익숙했지만 자신이 원하는 것을 드러내는 것은 무척 힘든 삶을 아주 어린 시절부터 감당해왔던 것이다.

　그녀의 부모는 '타인의 시선과 인정'을 중시했기 때문에 항상 갈등하면서도 자신들이 불행한 결혼 생활을 하고 있다는 사실을 인정하지 않았고 겉으로 단란한 가족을 연출하기 위해 내적으로 억압하는 것이 많았다. 그런 가족의 분위기 때문에 그녀는 상처와 비밀을 많이 간직한 어린 시절을 보내게 될 수밖에 없었다. 부모에 대한 이야기를 하면서 은이 씨는 자신의 현재를 묶고 있는 과거의 끈을 많이 보게 되었다. 그리고 생각보다 자신이 부모에 대해 극단적인 양가감정에 혼란스러워하고 있다는 것도 알게 되었다.

　"엄마에 대해서는 그전까지는 희생을 떠올렸다면 이제는 답답이라는 단어가 떠올라요. 엄마는 항상 걱정이 많은데 너무 심해서 얘기하다 보면 화가 날 지경이에요. 아빠는 딸인 저와도 어색한 관계예요. 그래서인지 아빠 또래의 남자와는 말도 섞기 싫고 어렵기만 하네요."

　어린 그녀에게 실제적, 심리적 생존을 위해서는 엄마도 아빠도 필요했기에 가정이 원만하게 돌아가기 위해 자신이 어떤 역할을 해내지 않으면 안 된다는 두려움을 느꼈다. 그녀는 이런 상황에서 자신의 욕망과 관점을 드러낸다면 모든 균형이 깨질 것 같아 두려웠다. 그래서 참 많은 것을 억압하면서 살아왔다.

"예쁜 원피스가 있어도 동생에게 항상 양보를 했어요. 그런 것이 당연하게 되어왔죠. 다들 외출할 때도 집을 지켜야 하는 일이 있으면 항상 제가 남았어요. 어쩌다가 그렇게 되었는지 모르겠지만 언제나 저는 희생하는 편이었어요. 가끔 엄마가 저에게 미안한 기색을 보일 때도 있었지만 엄마가 미안하다고 하기 전에 엄마를 용서해야 했지요. 초등학교 시절에는 엄마가 아빠와 싸우다가 집을 나가버리고 한두 달쯤 후에 다시 오는 상황이 반복되었어요. 그때부터 집안일도 많이 하고 동생들도 제가 보살필 수밖에 없었는데 힘들어도 뭐라 할 수가 없었어요. 할 수 있는 상황도 아니었고, 그래서 그냥 '난 주는 게 좋은 사람이야' 하고 스스로를 납득시켰던 것 같아요."

가족 내에서 그녀의 역할은 희생하고 양보하고 돌보는 역할로 고정되어 있었다. 그녀는 원하는 것이 없는 사람, 주는 것이 익숙한 사람으로 스스로를 지정하며 커왔다. 그래서 누군가를 사랑할 때마저도 사랑을 받는 마음은 낯설고 두려웠다.

그녀의 입에서 나온 이야기들의 핵심적인 주제는 '억압'이다. 아무런 갈등과 오해를 일으키지 않기 위해 숨죽이며 때로는 스스로 갈등과 오해의 불씨를 끄기 위해 홀로 고군분투했지만 정작 그녀의 슬픔과 외로움을 알아주는 사람은 없었다. 또한 그녀의 엄마는 첫째 딸인 그녀를 붙들고 자신의 불행한 결혼 생활과 아빠에 대한 불평과 푸념을 늘어놓았다. 자신도 의식하지 못하는 사이에 엄마의 한숨들이 사랑에 대한 두려움과 불신으로 그녀의 마음속에서 자라났다.

그녀 안의 두려움은 사랑 대상을 선택하는 데 있어서도 그녀를 이중, 삼중으로 묶었다. 괜찮은 사람이 자신에게 다가오면 왜 괜찮은 사람이 자신에게 다가오는지 이해할 수 없어 그 마음을 쉽게 받아들일 수 없었고, 괜찮지 않은 사람이 다가오면 엄마의 푸념이 떠올라서 소름이 끼쳤다. 지난 남자 친구를 만날 즈음 그녀는 지치고 외롭고 불안한 상태였다. 그래서 결국 그녀가 선택한 사람은 결핍이 있는 사람이었다.

자세히 들여다보면 다양한 이유로(때론 얼토당토않은 이유로) 누군가와 사랑에 빠진다. 의식적으로는 상대의 장점이나 미덕을 들어 그 사람을 사랑할 수밖에 없다고 설명하지만 많은 경우 상대의 결핍과 약점 때문에 무의식적으로 그 사람에게 끌린다. 그 사람의 결핍이 나의 결핍을 자극할 때 끌림의 화학작용은 더 강력하게 일어난다. 무작정 누군가에게 끌리는 것이 아니라는 것이다. 그리고 그 사람에게 끌리게 된 촉매제가 된 내 안의 결핍이 해결되지 않는 한, 다른 사람을 만나지만 같은 경험을 반복하게 된다.

결핍을 매개로 한 이런 무의식적 선택 밑에 깔린 끌림은 강렬하다. 누군가에게 뭔가를 해줘야 한다는 생각이 강했던 그녀는 그전의 연애에서도 자신이 어떤 역할을 해줄 수 있는 결핍이 있는 사람에게만 이끌렸고 이번 연애에서도 질투심을 자주 폭발시키는 한 사람을 만나 사랑에 빠졌다. 자신을 드러내지 않고 남을 돌보는 역할의 패턴에 갇혀 있던 그녀에게 그의 결핍은, 내 안의 결핍도 상대에게 받아들여질 수 있다는 가능성을 보여주는 상징이 되기도 하고 상대가 나를 필요로 할 것이라는(그러므로 나를 떠나지 않을 것이라는) 미덕으로 전환될 수도 있기 때문이다.

왜 누군가를 만날 때마다
같은 결핍에 자극이 될까?

상담을 하다 보면 은이 씨와 비슷한 이야기를 하는 여성들을 많이 만나게 된다. 자신이 원하는 것을 선택하기보다 과거에 선택하도록 강요당했던 역할의 옷을 스스로 입는다. 이제 다른 옷을 입을 수 있는데도 과거를 끊어내지 못하고 상처를 반복하게 되는 것이다. 간절히 받기를 기대했지만 받지 못하는 일들이 반복될수록 왜 주지 않느냐고 화내고 실망하는 대신 자신은 주는 것이 더 편한 사람이라고 합리화하기도 한다. 은이 씨는 자신이 진정 원하는 것일수록 한 번도 뭔가를 달라고 분명하게 요구한 적이 없다는 사실도 인식하지 못한 채, 가족이나 연인은 물론 친구와 같은 친밀한 관계 속 그녀의 역할은 고정되고 패턴은 만성화되었다. '퍼주는 역할'은 언제나 그녀 담당이었다.

주는 사람은 선해 보인다. 선물에는 미덕이 많다. 그와 더불어 속사정을 알지 못하는 다른 사람들은 그 사람의 행동을 칭찬하고 주는 행동을 당연하게 여긴다. 이런 인식은 처음에는 착취의 의도가 없다. 그런데 관계는 패턴이 된다. 서로에 대한 기대와 원칙이 쌓이면서 처음에 느꼈던 신선함이나 고마움이 자연스레 상대의 원래 그런 특성으로 받아들여지기 시작하면 문제가 점점 커진다. 우리는 다른 사람의 이미지와 역할을 고정시키는 데에 익숙하기 때문이다.

은이 씨는 처음에는 남자 친구의 결핍에 반응했다. 그의 결핍이 사랑스러웠다. 그 역시 자신의 결핍을 채워주는 누군가를 기다렸을 것이다. 이 둘 사이의 화학반응은 처음에는 따스하다. 하지만 스스로 결핍을 해결할 의지가 없는 사람에게 아무리 사랑을 퍼부어줘도 부족하다 말한다. 그는 줄 수 있는데도 받기만 한다. 은이 씨는 "왜 나만 줄까?"라는 의구심이 생기지만, 어렸을 때처럼 상대가 사과하기도 전에 이미 상대를 이해하고 용서하기 위해 애쓴다.

뒤늦게 의구심이 들기 시작한 시점부터 관계는 삐걱거리기 시작한다. 아무리 결핍과 억압이 익숙하다고 해도, 사실은 결핍과 억압이 익숙할수록, 사랑을 통해 결핍과 억압을 보상받고 싶은 마음도 크다.

"처음에는 그 사람 집에 가서 밥해주고 빨래해주었죠. 그런데 제 생일에는 작은 케이크 하나 없이 초라하게 지나갔지요. 거기까지는 그렇다고 쳐요. 어느 날인가는 그가 축구하다가 다쳐서 누워 있다고 해서 파스랑 죽을 사가지고 집으로 찾아갔어요. 깜짝 놀라게 해주고 싶은 마음에 그냥 갔는데 오히려 화를 내더라고요. 왜 해달라고 하지도 않는 것을 해주냐는 거지요. 그날 싸우고 돌아오면서 진짜 서럽게 울었어요. 제가 너무 비참했어요."

패턴은 무섭다. 은이 씨는 "사랑한다면 더 내 놓아라"라고 요구하는 상대의 태도에 문제의식을 느끼기보다는 죄책감을 느끼기까지 했다. 관계를 끊은 것도 남자 친구가 바람을 피웠기 때문이었다. 그랬으면서도 상대에 대한 원망보다는 자신의 선택에 대한 아쉬움과 미련이 계속되는 자신을 이해할 수가 없었다. 상식적으로는 이해가 안 되어도 친밀한 관계에 있다 보면 누구나 상식적인 판단력이 흐릿해진다. 애착의 끈은 심리적이지만 생물학적이기 때문이다.

사랑에 빠져 있을 때는 모순되는 정보들을 제대로 해석할 인지적 관점을 쉽게 잃게 된다. 사랑에 빠진 순간 우리의 몸에 흐르는 강렬한 화학물질들은 합리적인 선택을 교란시킨다. 하면 안 되는 것이 가장 강렬히 하고 싶은 열망으로 우리를 흔든다. 어린 시절부터 반복해오던 익숙한 역할은 바로 이때 원초적인 힘으로 우리를 조종한다. 사랑받기 위해, 또 사랑의 좌절감을 소화해내기 위해, 관계를 지탱하기 위해 무엇을 해야 하고 무엇을 하지 말아야 하는가에 대한 각본은 아주 오래전부터 있었다. 은이 씨는 자신이 가장 익숙하게 해온 역할 패턴 그대로 일방적으로 주는 역할을 충실히 수행했다. 자신이 상대의 결핍을 채워주는 어떤 역할을 하면 적어도 사랑으로부터 내쳐져 혼자가 되지는 않을 줄 알았다. 하지만 결국 그녀는 혼자가 되었다. 이 지긋지긋한 역할과 패턴의 틀에서 스스로를 해방시켜야 다른 사랑을 할 수 있다.

은이 씨는 사랑을 한 것이 아니라 역할 패턴에만 충실했었는지도 모른다. 근본적으로는 주기만 한 것이 아니라 이런 역할에 충실함으로써 자기 패턴을 반복할 수 있는 관계를 받은 것이라고 할 수도 있다. 자신에게 어떤 심리적인 이득과 결과도 가져다주지 않는 일을 하는 사람은 아무도 없다. 이해되지 않는 누군가의 행동이라도 그 행동을 반복하게 되는 그 사람 나름의 심리적인 이유가 있다. 이를 제대로 파악해야 그 행동을 반복하지 않아도 되는 이유와 나의 욕구를 실현하기 위해 더 나은 방법을 찾을 수 있다.

은이 씨뿐만 아니라 친밀한 관계에서 자신이 원하는 것을 분명히 표현하지 못하고 요구할 줄 모르는 세상의 많은 사람들의 마음을 잘 들여다보면 그들 역시 자신이 해내도록 요구받았던 역할에 너무 깊이 고정되어 욕구를 억누르는 것을 당연하다 여기며 지내온 사람들이 많다. 이런 역할의 굴레에서 벗어나기 위한 노력을 끊임없이 하지 않으면 자신도 모르는 사이에 반복된 패턴 속에서 만나고 싶지 않았던 사람들을 만나고 휘둘리게 된다. 그렇기 때문에 관계에서 어려움에 부딪칠 때마다 스스로에게 자주 물어야 한다. 내가 관계에서 어떤 역할을 할 것이며 어떤 역할에 익숙한가, 다른 사람을 만났을 때 자신을 어떻게 대하도록 유도하는가를 말이다.

은이 씨는 자신의 목소리와 관점을 드러내지 않고 상대의 필요를 채워주고 내 것을 내어주는 소극적인 희생자의 역할에 익숙했다. 집착이 심하고 착취만 하려고 하는 남자 친구를 만나면서 건강하지 않은 서로의 모습을 자극하며 부정적인 방식으로 관계를 만들어갔다. 관계는 상호적이고 상대적이다. 두 사람이 관계에 있는데 어느 한쪽이 너무 착하다면 다른 한쪽은 상대적으로 나쁜 사람처럼 보인다. 어느 한쪽이 너무 희생한다면 다른 한쪽은 그 희생의 수혜자(더 나아가 착취자)가 된다. 어느 한쪽이 주도적으로 보이면 다른 한쪽은 상대적으로 움츠러들 수밖에 없다.

은이 씨는 그런 관계밖에 할 수 없었던 과거의 패턴을 끊어내야 한다. 그녀가 진정 미안해야 할 사람은 다른 누구도 아닌 자기 자신이다. 주기만 했으면서도 더 주지 못했음에 죄책감을 느끼는 것은 미덕이 아니다. 이별은 단순히 내가 만나던 한 사람과 헤어지는 것을 의미하지 않는다. 관계에 녹아 있는 내 모습, 그중에서도 나의 결핍감과 그 결핍감을 자극하는 관계 패턴을 돌아보고 과거의 나와 이별하는 것이 진정한 의미의 이별이다. 타인과 이별하며 내 안에 있는 나와 이별한다. 그럼으로써 이별은 중요한 변화를 이루라는 내면의 외침임을 받아들이게 된다.

이별은 아프다. 하지만 모든 것이 무너져 내리는 듯한 예리한 아픔조차 물길만 잘 트면 스스로를 더 단단히 하고 삶을 더 잘 살아내게 하는 힘으로 전환된다.

같은 역할의 패턴을 반복하는 것은 비단 연애에만 해당하는 이야기가 아니다. 우리는 모든 관계에서 자신에게 익숙한 역할을 수행하고 반복한다. 모든 역할의 틀에서 벗어나 진정한 관계를 맺기 위해서는 나 스스로 그 틀을 깨는 선택을 할 필요가 있다. 자기인식은 모든 변화의 출발이다. 그러니 자꾸만 관계에서 내가 너무 희생하고 있다는 생각이 든다면 상대를 원망하기 이전에 나를 돌아보자. 더 편한 마음에 혹은 상대에게 역할을 부여하기 위해 같은 관계 패턴을 돌고 있는 것은 아닌지 말이다.

과 거 의   패 턴 과
잘   이 별 하 기   위 해

패턴이 형성되게 된 데는 분명 이유가 있다. 과거에는 그런 역할을 하는 것이 도움이 되었을지도 모르지만, 그 틀이 우리를 가두고 사랑을 방해한다면 역할 패턴에서 벗어날 필요가 있다. 마음속 관계의 각본을 다시 쓰고 내 마음을 담아줄 수 있는 새로운 역할을 시도해야 한다.

∴ 진정한 이별을 감행하라

이별에는 내 모든 것이 들어 있다. 관계를 선택한 것도 나고, 관계가 일방적으로 비뚤어져 가는 것을 보면서도 묵묵히 있었던 것도 나고, 관계를 끊기로 결심한 것도 나다. 자신의 삶을 총체적으로 뒤집어보며 진정한 이별을 해야 한다.

그러기 위해서는 일단 이별을 하면서 일렁이는 마음을 피하지 않고 제대로 마주할 필요가 있다. 감정은 결코 단순하지 않다. 머리와 가슴, 다리가 제 각각 다른 방향으로 나를 이끈다. 실연 후 이런 분열감에 부르르 떨며 자신을 어떤 식으로든 상식적인 방향으로 이끌기 위해 안간힘을 쓰게 된다. "이러면 안 되는 데"라며 속절없이 비집고 올라오는 감정들을 내리치게 된다. 여전히 그의 안부가 궁금한 나 자신이 싫어지기도 하고 연락하고 싶어지는 마음도 타박한다. 하지만 그런 감정을 밀어내려 내 감정과 싸우다 보면 억압된 감정은 더 큰 힘을 가지고 나에게 되돌아온다. 감정을 지나가기 위해서는 일단 받아들여야 한다. 아무리 나쁜 뒷모습을 보였다고 하더라도 그는 추억을 공유했던 사람이기도 하다. 그런 기억을 소중히 여기는 것이 못난 것은 아니다. 상실 후 일렁이는 복잡다단한 감정을 지켜보고 받아들이자. 다른 누구의 감정도 아닌 내 감정이다.

∴ 관계를 객관화할 수 있는 책과 이야기를 찾아라

이별은 가장 주관적인 감상과 좁은 시야 속으로 자신을 투신시키는 위기상황이다. 상실의 상처가 클수록 관계와 나의 패턴을 객관화하는 것이 쉽지 않다. 시야는 더 좁아졌고 마치 나에게만 이 모든 슬픔이 닥친 것 같은 마음에 평정심을 잃기 쉽다. 책을 읽는 것도 쉽지 않다. 만남이 흔한 만큼 이별도 흔하지만 유독 나에게 찾아온 이 이별은 그 무엇보다 견디기 힘든 일이 되고 만다.

이런 상실에 압도당하지 않고 나를 지키고 더 굳건해지기 위해서는 이별에 대해 거리를 두고 보다 객관적으로 바라볼 필요가 있다. 이별이 나에게만 일어난 일도 아니며 상대도 역시 나를 잃었다는 사실을 알게 되는 것, 세상 모든 사람들이 이별을 감내하며 살고 있고 또 이별을 했으니 다른 만남이 가능할 수 있는 것, 내 사랑과 이별을 보다 선명하고 객관적으로 인식하게 되는 것, 그 모든 것이 객관화가 주는 치유의 선물이다.

책뿐만 아니라 마음을 걸쳐놓고 투사해볼 수 있는 영화, 음악, 그림과 같은 세상의 모든 작품들이 객관화를 도와줄 수 있다. 상실을 지나가는 이 시기야말로 사실은 나를 진정으로 돌아보고 제대로 변화할 수 있는 기회가 된다. 나를 위로하며 객관적으로 살필 수 있는 모든 것에 마음을 열자. 나중에 돌아보면 바로 이때가 삶의 진정한 터닝포인트였음을 감사하게 될 것이다.

∴ 변화의 시기에는 사람을 가려서 만난다

패턴은 끈질기게 우리를 따라온다. 관계가 패턴을 강화시키기도 약화시키기도 하기 때문에 변화의 시기에 누가 나를 익숙한 과거의 패턴으로 되돌리는지, 또 누가 나의 새로운 패턴을 받아주고 응원해줄 수 있는지를 잘 살필 필요가 있다.

이 시기에 누구와 어떤 관계를 맺느냐에 따라 변화를 통해 도약할 수 있을지, 과거의 패턴을 답습하는 도돌이표를 만나게 될지 결정된다. 특히 상실로 인해 마음이 힘들 때에는 사람도 더욱 가려서 만날 필요가 있다. 변화를 응원해줄 수 있는 사람을 만나자. 만나는 사람도 과거와 달라야 우리를 새롭게 실험해볼 수 있다.

chapter/ 07

갈 등 은
작 은 일 에 서
시 작 된 다

숨겨진 마음과
증폭되는 갈등

● 커플 상담은 다른 상담보다 더 어렵다. 커플의 문제는
한 사람이 아닌 두 사람 이상이 관여되기 때문에 한
사람의 특성과 취약성뿐 아니라 두 사람 관계의 역동
적인 면을 동시에 살펴야 한다. 한 사람의 좌절과 결
핍은 한 사람의 좌절과 결핍으로 끝나지 않는다. 무심
코 한 사소한 말 한마디, 몸짓 하나가 아픔을 건드린
다. 그 마음은 돌고 돌아 관계 속에서 증폭된다. 삐걱
거리는 커플 관계의 문제를 듣다 보면 결국 중요한 것
은 표면적으로 드러난 갈등의 내용이 아니라 그 밑에
숨겨진 해결되지 않은 욕구라는 것을 발견하게 된다.

다른 문제를 놓고 새롭게 다투고 갈등하는 것 같지만 결국 근본적인 이유는 하나다. 오래된 커플일수록 갈등에 대한 대처 방식이 굳어져 있고 그 반응 방식이 불러온 지리멸렬한 갈등은 결국 관계를 와해시키기에 이른다. 그러니 이런 기류를 잘 살피고 그 기류가 정체되고 막힌 지점, 악순환을 돌고 도는 지점에 다른 관점과 시도를 감행하는 것이 필요하다.

커플 상담이 중요한 이유는 두 사람의 행복으로서만 의미 있는 것이 아니라 그들이 앞으로 만들어나갈 가정, 그 가정에서 자라날 아이들, 그리고 건강한 사회의 행복으로 확장되기 때문이다. 대상을 향한 가장 유치한 수준의 욕구와 결핍, 원망과 분노에는 마음속 가장 내밀한 상처와 성장 잠재력이 담겨 있다. 그래서 마음을 무시하고 억압하거나 비난하기보다는 이 마음에 담긴 메시지를 잘 파악하여 구체화하는 것이 중요하다. 미성숙한 싸움과 이상적인 관계는 완전히 별개의 것이 아니다. 진부한 갈등에는 언제나 이상적인 관계와 성숙을 위한 발판이 숨겨져 있다. 커플의 싸움은 가장 유치한 수준으로 떨어뜨리기도 하지만 가장 숭고한 면을 발현시켜주기도 한다.

다른 시선,
다른 해결 방법

상담 신청을 위해 조심스럽게 전화를 한 경화 씨는 육아 휴직 중인 결혼 2년차 초등학교 선생님이라고 자신을 소개했다. 그녀는 서른한 살에 직장 동료의 소개로 지금의 남편을 만났고 3년간의 연애 끝에 결혼을 했다. 그런데 3개월 전부터 부부 사이가 편했던 적이 없다고 한다. 매일 눈 뜨면 마주치고 하루를 마감하고 돌아간 집에서 함께 휴식하고, 밥을 먹고 많은 시간과 경험을 공유하는 부부관계가 세 달 내내 불편하기만 했다고 하니 고민스러울 만했다. 결혼한 사람들의 정신건강에 가장 큰 영향을 미치는 요인이 부부 간의 친밀감이라는 연구도 있는 것을 감안하자면 이런 상황은 정신적으로 위험하기까지 하다고 볼 수 있다. 하지만 보통 부부 관계는 그 둘만의 문제이며 그다지 심각하게 볼 필요가 없다는 인식이 강하기 때문에 제3자에게 자신들의 문제를 이야기하지 않는 경우가 많다.

최근에는 서로 이혼 이야기도 나오고 있는데 그녀 입장에서는 별다른 큰 갈등이 없는데도 남편이 이혼 이야기에 강경하게 나오는 바람에 대체 자신들의 관계가 이혼을 고려할 만큼 심각한 문제가 있는지 알고 싶어 했다. 자신은 어떻게든 이혼만은 하고 싶지 않지만 남편의 진심을 잘 모르겠다고 했다.

갈등은 괴롭고 아프다. 하지만 갈등을 괴롭고 아프게만 보면 해결의 실마리를 얻기 힘들다. 모든 갈등에는 그 갈등의 해결을 촉구하는 내면의 과제가 있다. 갈등을 해결함으로써 관계는 탄탄해지고 성숙해진다. 그러기 위해서는 일단 갈등을 피하기만 해서는 안 된다. 특히 결혼 3년 이내에 갈등의 신호를 받아들이고 관계에서 드러난 개인의 취약성을 해결해야 한다. 그렇지 않으면 두 사람의 관계뿐 아니라 태어난 아이들에게도 치명적인 상처를 남긴다. 그래서 커플 상담은 다른 모든 상담의 모태가 되는 관계를 다루는 상담이기에 가장 중요한 상담이기도 하다. 결혼 2년 차에 이혼 위기를 겪으며 상담을 받게 된 경화 씨와 윤호 씨의 문제는 다른 모든 신혼부부들이 결혼 후 겪는 갈등을 대변하고 있다.

커플의 갈등은 무엇이었는지 기억도 잘 안 나거나 다른 사람에게 말하기도 민망한 작은 일에서 시작된다. 하지만 A에서 파생된 이야기가 그 후에 B, C, D, E를 불러오면서 결국에는 Z까지 간다. 갈등하다 보면 이 과정을 놓치기가 쉽다. 소통하고자 했던 마음을 잊어버리고 상대에 대한 원망과 불안, 분노만 남게 되는 것이다. 그래서 상대의 말이 들리지 않을 뿐 아니라 애초에 내가 하고 싶었던 말이 어떤 말이었는지도 잊어버리게 된다.

경화 씨와 윤호 씨는 상담 시간에 맞춰 도착했다. 간단히 인사를 하고 상담을 통해 해결하고 싶은 것이 무엇인지 묻자 윤호 씨가 먼저 입을 열었다.

"겉으로 보기에 저희는 다른 부부들처럼 싸운다거나 서로를 미워하는 갈등이 크지는 않아요. 오히려 문제에 대해 이야기하지 않는 것이 문제예요. 신혼 초부터 그렇다 보니 어떻게 얘기를 해야 할지 모르겠어요."

상담실은 두 사람이 신혼 2년을 보내는 동안 소통하지 못했기에 깊어진 갈등의 무게가 무겁게 내려앉아 있었다. 윤호 씨가 이야기하는 동안 경화 씨는 고개를 떨어뜨리고 가만히 듣고만 있었다. 상담 신청을 하며 자신의 상황을 열심히 설명하던 적극적인 모습과는 달랐다. 아마도 윤호 씨가 쉽게 입을 여는 것에 적잖이 놀란 눈치다. 신청을 할 때만 해도 남편이 과연 상담실에 함께 갈지, 가더라도 자신의 이야기를 할지 모르겠다며 걱정했기 때문이다. 하지만 경화 씨의 생각은 윤호 씨와 달랐다.

"남편이 얘기하는 걸 듣고 정말 신혼 초부터 그랬을까 하는 생각이 들었어요. 왜냐하면 저는 신혼 초가 제일 행복했어요. 남편이 말이 별로 없긴 했지만 그래도 큰 갈등 없이 잘 지냈어요. 고부 갈등도 없어요. 그런데 처음부터 문제였다니 이해가 안 돼요. 저는 세 달 전쯤 남편이 다니던 회사를 그만두고 사업을 하겠다고 한 그때부터 모든 것이 심각해졌다고 생각하고 있었거든요."

"아니야!"

윤호 씨는 단호하게 말했고 경화 씨는 충격에 빠진 얼굴로 입을 다물었다. 다급하게 자신과 남편의 인식 사이에 놓인 간극을 이해하려고 하는 것 같았다.

갈등하는 커플들은 문제에 대해서 다르게 본다. 경화 씨와 윤호 씨는 서로 엇갈리기 시작한 지점도 다르게 보고 있었다. 무엇이 갈등이라고 생각하는지, 갈등을 어떻게 바라보고 있는지, 앞으로 어떻게 하고 싶은지를 놓고 이야기를 나누다 보면 같은 일도 사람마다 어쩜 이렇게 다른 시각으로 바라보고 있는지를 매번 느끼게 된다. 어떤 관계든 이런 인식의 간극은 있기 마련이다. 내적인 인식의 차이와 더불어 외적인 스트레스 요인들은 이런 간극에 더 큰 균열을 가하고 점점 더 크게 벌어지게 한다.

처음에는 사소했고 아무것도 아니었던 그 차이가 결국에는 결혼이라는 성을 무너뜨리기에 이르는 것이다. 이 차이를 좁히고 이쪽에 서서 저쪽이 어떻게 보이는가를 이해해야 한다. 그러기 위해서는 일단 '내가 이 관계를 어떻게 바라보는가'부터 정리할 필요가 있다. 게다가 이 커플은 문제에 대해 이야기하지 않고 싸움을 피하는 것도 문제였다. 갈등과 싸움은 우리를 괴롭게 하지만, 갈등과 싸움이 없는 친밀한 관계는 없다. 갈등과 싸움이 없다는 것을 자랑하는 커플이 있다면 그 커플이 얼마나 친밀할까를 의심해볼 필요가 있을 정도다.

첫 상담을 마치며 이 부부가 발견한 것은 3년간의 연애, 2년간의 결혼 생활을 해온 커플이 서로에 대해 그토록 모를 수도 있다는 사실이다. 그들은 둘이 함께 마련한 집에서 일상을 공유하고 있었지만 마음은 공유하고 있지 않았다. 각자 하루를 어떻게 보냈는가에 대해서 이따금씩 이야기를 하기는 했지만 자신들의 관계에 대해서 단 한 번도 진지하게 대화를 해본 적이 없다.

되짚어보면 연애를 할 때조차 그들은 그다지 깊은 대화를 해본 적이 별로 없는 것 같다고 했다. 서로 결혼 적령기라고 느껴질 즈음 만났기에 어느 정도 만난 시간이 지난 후에는 자연스레 결혼 이야기가 나오기 시작했고 다른 대안을 생각할 겨를도 없이 당연히 서로를 결혼 상대자로 생각했다. 그들이 사귀던 3년 중 2년은 서로 다른 지역에서 살았기 때문에 한 달에 한두 번 만나서 밥 먹고, 차 마시던 것이 다였다. 두 사람 모두 갈등을 싫어했을 뿐 아니라 갈등할 만한 일도 별로 나타나지 않았기에 무난한 결혼식을 올렸다. 하지만 막상 결혼하고 보니 현실은 달랐다. 게다가 결혼을 하면서 서로의 이야기를 할 시간도 없이 바로 아이가 생겨 이들의 대화는 언제나 표면적인 수준으로 겉돌았다.

"저는 여기에 앉아서 여러 번 놀라고 가요. 제가 참 이 사람을 몰랐구나 싶고요. 뭘 어떻게 하면 좋을지 조금 더 알고 싶어요."

관계에 있어서는 더 붙잡고 싶어 하는 쪽이 더 적은 권력을 갖게 되는 것은 맞는 말인 것 같았다. 남편은 더 굳게 마음의 문을 닫고 있었고 아내는 그 마음의 문을 열기 위해 노력하고 싶어 했다. 하지만 아내는 그런 노력을 하다가도 남편이 자신을 떠날까봐 불안해지거나 남편이 자신의 마음을 몰라준다는 생각이 들면 버럭 화를 내기도 했다. 그러고는 또 다시 불안감과 죄책감에 남편의 마음을 잡고 싶어 했다. 남편과 아내 모두 이런 상황에 익숙한 것 같다. 왜 그렇게 되었는가를 보다 잘 이해하기 위해 다음에는 개별 상담을 하기로 했다.

✦

불안해하는 여자와
숨 막히는 남자

✦

"저는 결혼하면 더 좋아질 줄 알았어요.
누구나 결혼하면서 그런 기대를 하잖아요. 제 아내는 인정이 많아
요. 그건 큰 장점이에요. 다른 사람들을 따뜻하게 맞아주고 품어
줄 줄도 알지요. 학생들에게도 항상 열정을 가지고 성심성의껏 최
선을 다해요. 그런데 유독 남편인 저에게만은 차가워요. 겉으로
보이는 게 다가 아니었어요. 무뚝뚝하고 뭐 해달라고 해도 피곤하
다고 하고 거절해요. 그러면서 원하는 건 참 많아요. 이거 해라,
이건 하지 마라…. 직업이 선생님이어서 그런지 말끝마다 아이 취
급받는 것 같은 기분이 들어요."

경화 씨 없이 따로 만나자 윤호 씨는 기다렸다는 듯 말을 쏟아

냈다. 그 말에는 결혼에 대한 기대와 실망감이 많이 담겨 있었다. 결혼하기 전 그는 그 나름의 연애를 하고 다른 사람들의 결혼 이야기를 들으면서 자신에게 현실적으로 맞을 만한 사람이 어떤 사람일지, 자신은 어떤 결혼을 원하는지 충분한 경험과 검토를 했다고 했다.

"결혼은 인륜대사잖아요. 연애랑 다를 것은 알았지요. 하지만 제가 이렇게 구속감을 크게 느낄지 몰랐어요. 결혼한 후에 무엇이든 의무와 책임, 부담으로 다가와요. 집사람이 저에게 가장 많이 하는 말은 '어디가?'예요. 그리고 가장 무섭게 물어보는 말이 '나 사랑해?'예요. 그러면서 제가 조금이라도 잘못하면 흘겨봐요. 그래도 결혼을 했으니까 되도록 맞춰주며 살았죠. 하지만 저도 이젠 그만하고 싶어요."

그의 말에는 깊은 분노와 냉소가 깔려 있었다. 그는 관계 회복의 가능성이 없고 자신에게도 관계를 회복해나갈 의지가 없다고 했다. 다만 아이가 걸린다고 했다. 아이 때문에라도 관계를 유지하고 싶은 마음이 있지만 이런 부부 관계가 아이에게 나쁜 영향을 주지 않을까 걱정이 된다고 했다. 그가 상담에 응한 이유도 그 때문이다. 경화 씨가 그에게 강요한 리스트를 적어보라고 했다. 그는 별 고민 없이 쉽게 적어 나갔다.

① 혼자 친구 모임 가지 않기 : 지금까지는 아내가 꼭 따라왔지만 아이가 생기고 나서는 나도 가지 못하게 한다.

② 술, 담배, 게임 금지 : 연애 때도 하지 말라고 하기는 했지만 이렇게 나의 숨통을 막을 줄은 몰랐다.

③ 신발을 벗고 바로 신발 정리하기 : 나에게는 익숙하고 편한 습관들이 아내에게는 거슬리는 습관이 된다. 내가 정리를 해도 아내가 다시 와서 정리를 하는데 그 모습이 나를 미치게 한다.

④ 돈 아껴 쓰기 : 주말에 시켜 먹는 치킨조차 눈치 보인다.

⑤ 연락하기 : 회사에 있을 때도 수시로 연락하고 답을 받기를 원한다. 육아 휴직 후 더 심해졌다. 아이와 단 둘만 있으면 힘드니까 그러려니 이해하려고 해도 일이 바쁠 때는 나도 스트레스가 된다. 그런데 요즘에는 내가 다른 여자를 만나고 다니지는 않는지 의심까지 하니 힘들다.

⑥ 종교 강요 : 주말은 내가 쉴 수 있는 유일한 시간인데 성당에 함께 가자고 강요하니 억지로 따라가기는 하지만 너무 답답하다.

모든 일상에서 아내의 불안과 강박이 그의 자유와 편안함에 대한 욕구와 충돌하는 지점이 많았다. 그는 기대했던 결혼 후 안정감은 오지 않고 구속감만 느끼게 되어 어서 빨리 결혼에서 풀려나고 싶은 마음이 든다고 했다. 그의 마음에 공감은 되지만 한쪽 이야기만 들어서는 모르는 일이다.

경화 씨는 자신의 이야기를 하기보다는 윤호 씨가 어떤 말을 했는지를 더 궁금해했다. 함께 상담을 받으며 직접 이야기를 듣고 싶었는데 그렇게 되지 않자 불안한 마음이 크다고 했다. 바로 그런 점 때문에 윤호 씨가 답답해하는 것 같다고 하자 이런 말을 했다.

"결혼 전 남편이 바람을 피웠어요. 결혼 날짜까지 다 잡고 양가 부모님께 인사도 드린 후였고 무엇보다 아이가 생겼기에 더 충격이었어요. 남편은 아무 일 없었다고 잡아떼지만 예전에 사귀던 여자 친구에게 보고 싶다며 먼저 연락을 했어요. 그게 바람이 아니면 뭔가요? 그래서 제가 크게 화를 냈고 남편은 다시는 그런 일이 없을 거라고 싹싹 빌었죠. 그러고는 제가 하자는 대로 하겠다고 약속하고 결혼했어요. 그런데 이제 와서 답답하다고 말하니 저로서는 당황스럽지요."

그녀는 직업적인 면에서도, 성격적인 면에서도, 종교적인 면에서도 강박적인 면이 강했고 윤리적이고 도덕적인 기준이 높은 편이었다. 독실한 천주교 신자에 조금의 일탈도 용납하지 않고 반듯하게 살아왔다. 자유를 추구하고 어울리는 것을 좋아하는 윤호 씨와는 전혀 다른 면이다. 그녀의 입장에서 보면 기대에 어긋나는 남편의 모습 역시 답답한 것은 마찬가지다. 무엇보다 그녀를 힘들게 하는 것은 불안감이었지만 그는 그녀의 불안감을 잠재워줄 수 있는 대상이 아닌 불안감을 자극하는 대상이었다. 그런 그들이 왜 서로에게 끌렸는지 궁금했다.

"처음에는 외모에 끌렸어요. 그리고 아빠 없이 어렵게 자랐다는 이야기가 이상하게 제 마음에 남았어요. 저는 아빠가 있지만 노름에 빠져 없는 것만 못 했거든요. 엄마는 종교의 힘으로 버티며 저희를 키웠어요. 비뚤어지지 않도록 남보다 더 엄격하게 키우셨고 저 역시 바르게 컸다고 생각해요. 그러니까 이혼이라는 건 절대 생각할 수도 없어요. 제가 너무 구속해서 그런 거라면 노력해보고 싶고 바꿔보고 싶은데 남편은 자꾸 늦었다고만 하니 어떻게 해야 할지 모르겠어요."

이 이야기를 들으니 그녀가 왜 그토록 남편에게 '하지 말라'는 조항을 많이 달았는지 더 이해가 되었다. 그녀는 그가 아빠처럼 될까 봐 두려웠다. 게다가 결혼 전 옛 여자 친구에게 연락한 그의 모습은 큰 충격이었고 그녀의 불안을 크게 자극했다.

자유분방한 삶을 살아온 윤호 씨는 반듯하고 세심하게 그를 챙기는 경화 씨의 모습에서 처음에는 큰 위안을 얻었다. 하지만 시간이 지날수록 그녀의 배려는 점점 그에게 간섭처럼 다가왔다. 질서 없는 자신의 세계에 질서를 부여해줄 사람으로서 경화 씨가 좋았지만 그 질서 안에서 안정이 되자 갑갑해진 것이다. 그런데다가 경화 씨는 불안이 커질수록 그를 통제하려고 했기에 그의 갑갑증은 더 심해졌다.

그는 결혼을 통해 '하지 마라'는 감옥 속에 갇힌 죄수가 된 것 같다고 말하기도 했다. 경화씨는 자신도 모르는 사이에 결혼이라는 틀을 지키고 규칙을 강요하는 간수가 된 것이다. 경화 씨는 이런 윤호 씨의 인식에 대해 "누가 누굴 그렇게 만들었는데?"라며 잘잘못과 책임을 따지고 싶어 하는 마음이 들어 더 구속하고 불안해했지만 이런 반응은 이미 무의미할 뿐 아니라 관계에 해가 된다. 관계를 더 잘 발전시키기 위해서는 일단 원망과 비난을 내려놓고 불안하게 하는 원인을 돌아볼 필요가 있다.

✦

흔들림이 주는
신호

✦

　　　　　　결혼 전 옛 여자 친구에게 연락을 했던 것
은 그가 이미 이 관계에서 일어나는 통제와 간섭, 구속과 책임에
대해 부담감을 느꼈다는 것을 의미한다. 옛 여자 친구에 대한 마
음이 남아 있어서가 아니라 앞으로 결혼할 여자 친구에 대한 마음
이 흔들리고 있기 때문이다. 어디부터 외도로 볼 것인가는 사람마
다 다르지만 경화 씨는 이를 굳건히 외도로 규정하고 있었다. 하
지만 그녀는 그의 외도가 가진 의미를 잘 몰랐고, 괴로운 마음에
서둘러 넘어가고 싶어 했다. 결혼 후에는 단 한 번도 그와 이에 대
한 이야기를 나눠본 적이 없다고 했다. 하지만 그녀의 행동에는
언제나 그를 불신하며 통제하고 싶어 하고 자신이 '피해자'라는 인

식이 담겨 있었다. 아무리 마음이 넓은 사람이라도 자신을 가해자라고 보는 사람의 마음을 계속 받아주기란 쉬운 일이 아니다. 게다가 그는 그녀의 그런 반응에 미안해하면서도 계속해서 의구심이 들었다.

"제가 그렇게 잘못한 건가요? 그냥 연락 좀 했다고 그게 그렇게 큰 죄인가요?"

보통 사람들은 외도를 새로운 대상에 대한 호기심 혹은 열정의 차원에서 바라본다. 하지만 그보다 더 중요하며 그에 선행해서 나타나는 것은 이미 내 옆에 있는 대상과의 관계에서 느끼는 불안과 환멸감, 채워지지 않은 욕구의 문제다. 외도는 단순히 한 사람의 바람기나 약한 마음 때문에 나타나는 것이 아니라 이미 헌신하고 있는 관계에 대한 불안과 불만의 문제인 경우가 많다. 즉, 외도는 관계 밖의 문제가 아니라 관계 안의 문제라는 것이다.

윤호 씨는 언제나 갈등이나 불편을 피하거나 억압하는 방식으로 대처해왔다. 간섭하는 엄마에게 "나 좀 가만히 내버려둬"라고 말하는 사춘기 남자 아이의 모습을 가지고 있다. 그는 분명한 의사소통을 하고 문제를 해결해나가는 사람이라기보다는 상황이 지나가길 기다리고 표현을 최소화하는 방식으로 살아온 사람이다.

그러니 경화 씨의 표현 방식이나 욕구가 더 이해가 되지 않고 어렵게만 느껴졌다.

경화 씨가 결혼 전 옛 여자 친구에게 보고 싶다는 메시지를 보낸 윤호 씨의 행동을 단순히 윤호 씨의 잠재된 바람기와 일탈 행동으로 해석하지 않고 그들의 관계를 상징하는 것으로 살펴봤다면 어땠을까 싶다. 그는 다른 관계를 원해서가 아니라 갑갑한 지금의 관계를 풀고 싶기 때문이다. 하지만 경화 씨는 자신의 불안에 출렁여 바람이라고 규정하고 이 바람기를 잠재우기 위해 '통제' 했기에 결혼을 통해 진정한 의미의 소통과 친밀감을 구축해가는 것이 어려웠다.

어떤 관계든 흔들림이 주는 신호를 제대로 이해하는 것은 참 중요하다. 하지만 시간이 지나고 나서야 감정에 휘말려 제대로 보지 못한 상대의 마음과 관계의 본질을 뼈아프게 깨닫는다. 그 신호를 조금 더 깊이 이해하고 불안과 불만 요소를 소통하는 계기로 삼았더라면 다른 결혼 생활을 할 수 있을지도 몰랐다. 하지만 '아이'라는 중대하고도 소중한 존재가 생겼다는 이유에 기대어, 이야기하는 것이 힘들다는 이유로 갈등을 서둘러 덮고 합리화하고 말았다. 갈등이 예고된 결혼이었다.

갈등은 내용보다 그 밑에 담긴 욕구가 중요하다. 그리고 관계 갈등을 심화시키는 그 둘만의 패턴이 있음을 이해할 필요가 있다. 몇 번의 개별 상담을 통해 이 점을 구체화하고 난 뒤 자신의 현재 모습과 욕구, 그리고 그에 영향을 미친 과거의 중요한 사건들을 되짚어봤다. 둘을 함께 만나 각각의 애착 유형과 갈등 대처 방식, 주로 쓰는 언어와 그 언어에 담긴 욕구, 핵심 감정을 정리했다.

	아내(경화 씨)	남편(윤호 씨)
애착 유형	불안형	회피형
관계 역동	동굴에 손전등과 추적기를 가지고 쫓아가는 자	어두운 동굴 속으로 홀로 들어가는 자
상대에게 하고 싶은 말	어디야? 날 사랑해? 어떻게 된 거야?	숨 막혀! 귀찮아! 재촉하지 마!
주로 쓰는 관계 방식	다가가기	거리두기
주로 쓰는 표현 방식	확대자 "큰일 났네!"	축소자 "별일 아냐."
상대에 대한 태도	비난, 원망	방어, 거부
관계 속 핵심 감정	불안감	죄책감

행동을 구체적으로 정리하고 나자 원인을 상대에게 돌리는 비난과 원망을 그만두고 더 가벼운 마음으로 문제를 받아들일 수 있었다. 자신들의 관계 문제가 해결 불능한 복잡한 문제가 아니라는 것을 알게 되었다. 매일 셀 수 없이 많고 다양한 문제로 사사건건 갈등하고 있었던 것이 아니라 결국에는 같은 문제로 갈등하고 있었다는 것을 알게 된 것이다. 문제는 깊은 곳에 숨어 있지만 과제

는 단순하다. 과거의 갈등 패턴을 깨고 대안 행동을 찾는 것이다.

윤호 씨는 관계를 유지해가고 싶은 이유가 아내에 대한 마음 때문이든, 아이에 대한 책임감 때문이든, 일단 관계를 유지하기로 했다면 노력을 할 필요가 있다. 그리고 경화 씨는 불안하다고 쫓아가고 통제하려 한다면 상대는 더욱 그녀에게서 멀어지게 된다는 점을 이해할 필요가 있다. 자신은 노력하는데도 남편은 꿈쩍도 하지 않는다며 힘들어했지만 점점 자신에게 힘을 빼는 연습을 하는 것과 상대가 아닌 자신에게 집중하는 것이 중요하다는 것을 알았다.

사랑을 확인하기 위해 꼭 "나 사랑해?"라고 물을 필요는 없다. 그럴수록 윤호 씨는 불만에 차서 "그러는 넌 날 사랑해?"라고 반문하고 싶어진다는 점을 그녀는 되새길 필요가 있다. 타인의 사랑을 확인하기 전에 그녀 자신이 그를 사랑하는지(근본적으로는 자신이 자신을 사랑하는지) 스스로 묻는 것이 중요하다. 자꾸만 사랑을 확인하고 싶어 하는 사람은 자신이 상대를 사랑해서가 아니라 자신에게 사랑에 대한 확신이 없을 때 상대가 확신을 주지 않는다며 힘들어하기 때문이다.

갈등은
습관이다

경화 씨는 점점 자신의 규칙을 느슨하게
풀기 시작했다. 윤호 씨를 향한 집착과 불안의 시선을 거두기로
했다. 불안하기 때문에 그녀가 하는 행동이 그녀의 불안을 줄여주
는 결과를 가져오는 것이 아니라 오히려 그를 멀어지게 하고 불신
과 불안을 더 키운다는 것을 이해했다. 자신과 가까워지려고 노력
하고 이혼을 선택하지 않겠다는 남편의 다짐을 들은 뒤 그녀는 한
번 더 남편을 믿어보기로 했다.

그녀는 자신이 불안해하는 일이 생길까 봐 전전긍긍하며 남편
을 밖으로 나가지 못하게 했지만 진정 불안감을 넘어서기 위해서
는 불안한 상황을 직면해볼 필요가 있다. 아빠를 기다리며 한숨으

로 밤을 지새우던 엄마의 불안이 아이였던 그녀의 마음속에 깊이 각인되어 있었다. 하지만 그녀는 그녀의 엄마가 아니고 윤호 씨도 그녀의 아빠와 달랐다. 그는 친구를 좋아하지만 연락을 해주었고 약속한 시간에 돌아왔다. 컴퓨터 게임을 좋아하기는 해도 노름을 하지 않았고 결혼 전 옛 여자 친구에게 안부 문자를 먼저 보내기는 했지만 결혼 후 단 한 번도 그녀가 외도라고 규정할 만한 일을 한 적이 없었다. 자신이 통제하고 간섭하기에 하지 못한 것이 아니라 그가 스스로 하지 않았다. 상황을 통제하려 할 때에는 보이지 않았던 것들이다.

"생각해보니 이혼하자고 했던 것도 제가 먼저 한 말이었어요. 통제할 때마다 남편에게 이혼하자고 버릇처럼 말했는데 남편이 이 말에 지쳐서 정말 이혼을 생각했던 것 같아요."

물론 이 과정에는 많은 시행착오가 따랐다. 관계에서 벗어나고 싶은 윤호 씨의 마음을 확인할 때마다 경화 씨는 다시 원점으로 돌아가는 관계를 보며 절망스러워했고 윤호 씨도 너무 지친 마음에 무거운 책임감을 벗고 다시 새롭게 시작하고 싶은 욕구에 시달렸다. 하지만 점점 더 큰 변화를 보이는 경화 씨의 모습에서 윤호 씨도 희망을 찾았고 노력하고 싶은 마음을 키울 수 있었다.

윤호 씨는 이혼을 한다고 해도 문제가 근본적으로 해결되는 것이 아니라는 사실도 알게 되었다. 가장으로서의 부담감과 의무감, 책임감을 구체적으로 살피기보다는 무조건 짊어질 수밖에 없는 짐으로 보았기에 더 어렵고 피하고 싶은 마음이 들었던 것이다. 피하고 싶을 때마다 스스로를 비겁하게 보며 자기비난에 시달렸지만 그만큼 자신이 힘들었다는 것을 아내에게 이해받기를 원했다는 것도 알았다. 윤호 씨는 이런 마음을 잘 전하고 이해받기 위해 자신의 마음을 표현하는 연습을 할 필요가 있다. 상대가 "나 사랑해?"라고 묻기 전에 "사랑해"라는 표현을 먼저 하는 연습도 필요하다.

경화 씨에 대한 부담감과 의무감, 책임감을 걷어내고 무심하고 회피적인 행동 패턴을 이해하고 나자 그의 마음은 한결 가벼워졌다. 그러면서 자신이 왜 경화 씨를 선택했는지에 대한 첫 마음을 다시금 돌아보고 느끼게 되었다. 그를 짓누르던 압박감에서 놓여나자 그녀에 대한 사랑의 마음이 남아 있다는 것을 보게 된 것이다. 그러면서 그들은 새로운 관계를 세워나가기 시작했다.

윤호 씨와 경화 씨의 이야기처럼 우리는 가장 친밀하고 익숙한 대상이 매일같이 표현하는 말과 행동에 담긴 의미를 제대로 해독해내지 못하고 지나칠 때가 많다. 사랑의 언어를 제대로 이해하지 못하면 사랑은 위기에 처하게 된다.

오래 알았다고 그 사람을 가장 잘 아는 것은 아니다. 오히려 잘 보지 못하거나 상대에 대해 오해하고 갈등하게 되는 지점이 있다. 그러니 익숙한 대상일수록 항상 같은 반응을 하지 말고 다르게 반응하는 연습을 할 필요가 있다. 그리고 그 무엇보다 갈등과 불편감에 대해 상대를 몰아세우지 말아야 한다. 원망하고 비난한 '덕분에' 관계가 탄탄해지는 경우를 단 한 번도 본 적이 없다. 누군가가 우리를 원망하고 비난할 때 우리가 어떻게 상처 입고 또 어떤 방식으로 상대를 밀어내고 방어하고 싶어지는지를 떠올려보면 알 수 있다. 나에게 힘든 일은 세상 모든 사람에게 힘들다. 갈등과 불편을 관계를 와해시키는 계기가 아닌 관계를 탄탄히 하는 계기로 삼자. 영혼의 동반자인 소울메이트는 '만나는 것'이 아니라 '만들어나가는 것'이다.

서 로 를 더 잘
이 해 하 기 위 하 여

가장 이상적이고 건강한 커플은 각자의 상처를 치유해주는 관계다.
누군가를 향한 기분 좋은 설렘을 넘어서서 아픔과 상처에 공감하고
외적인 조건이 아닌 내면의 상처와 아름다움에 감동할 수 있을 때 그
관계는 세상의 어떤 시련과 갈등도 이길 수 있는 안식처가 된다. 이
런 관계는 쉽게 만들어지는 것이 아니다. 나와 상대를 더 잘 알아가
는 시간과 경험의 힘을 넘어서야 가능하다. 하지만 우리는 무엇을 원
하고 어떻게 해줬으면 좋겠는지 이야기하지도 않고 사랑이라는 이름
으로 상대가 자신이 원하는 것을 자신이 원하는 방식으로 해주기를

기대한다. 이 기대가 당위가 되면 관계는 원망과 미움, 애증과 환멸의 공동체로 추락하고 만다. 커플 관계에는 언제나 이런 위험성이 내재되어 있다. 서로의 상처와 욕구들이 모여 형성된 나와 상대의 관계 역동을 이해하려 하고 이에 대한 끊임없는 소통과 배려가 없다면 관계는 모래로 쌓은 성처럼 쉽게 무너진다.

∴ 과거의 힘든 기억을 들어주자

누군가를 진심으로 알아가고 그를 사랑하고 싶다면 그 사람의 마음속에 박힌 중요한 기억들을 물어봐주는 것이 필요하다. 특히 커플의 관계 역동을 형성하는 결핍과 상처의 실마리가 담긴 중요한 기억은 먼 과거의 것인 경우가 많다. 특히 그 사람이 느끼는 핵심 정서와 결핍감, 욕망의 실마리가 많이 담겨 있다. 그 의미가 무엇인지 정확하게 해석해내는 것은 중요하지 않다. 다만 이런 이야기를 나누며 상대의 상처를 더 알고 싶고 이해하고 싶어 한다는 태도와 의지가 필요하다. 상처받은 기억 때문에 관계에서 더 두려워하거나 더 원하게 되는 것이 있는지, 그런 마음을 구체적으로 이야기하기 어렵게 하는 나의 모습이 있는지를 알게 되면 관계 역동(서로에게 영향을 주고받는 방식)에 휘말리는 것이 아니라 관계 역동을 활용해 서로에게 더 끈끈해질수 있다.

∴ 서로의 사랑법이 다를 수 있음을 받아들이자

커플이 반복적인 갈등 패턴에 갇혀 서로에 대한 좋은 마음을 잃어버리게 되는 데에는 각자 익숙한 사랑법, 원하는 사랑법이 다르기 때문이다. 나에게는 아무리 좋은 선물이라도 다른 누군가에게는 별 의미 없는 물건이 될 때가 있는 것처럼 내 마음을 기초로 상대의 마음을 해석하다 보면 오해가 쌓이고 갈등이 된다. 똑같이 사랑해도 사랑을 표현하는 방식은 사람마다 모두 다르다. 나는 힘들 때 곁에 다가와 위로의 말을 전해주는 것을 사랑으로 느끼더라도 다른 누군가는 힘들 때 혼자 시간을 보낼 수 있도록 배려해주는 것을 사랑으로 느낄 수도 있다. 나의 사랑법에 기반을 두고 상대의 사랑을 과소평가하고 있는 것은 아닌지, 그리고 내가 원하는 사랑을 설명하고 소통하는 과정을 건너뛰고 상대의 사랑이 충분하지 않다고 의심하지 않았는지 돌아보자. 세상에 60억 명의 사람이 있다면 60억 개의 사랑법이 있다는 것을 언제나 기억하자.

∴ 서로를 알아가는 심리검사 데이트를 해보자

아무리 사랑하는 사람이라고 해도 차이는 있기 마련이다. 차이를 바라보는 관점을 보다 명확하고 객관적이며 넓은 관점에서 볼 수 있도록 커플은 결혼 전후에 성격 관련 심리검사를 받아보는 것이 좋다.

차이에서 비롯된 갈등이 증폭되는 것을 미연에 방지할 수도 있고 갈등 상황을 보다 유연하게 넘어가는 지혜를 키워갈 수도 있기 때문이다. 부부 갈등이나 이혼 사유를 이야기할 때 '성격 차이'를 말하는 경우가 많기에 결혼 전 예방차원에서 심리검사와 커플 상담은 무척 중요하다. 꼭 겉으로 드러나는 심각한 갈등이 있어서가 아니라 서로를 알아가기 위한 다른 방식의 데이트로 활용할 수 있다면 좋다.

지금 우리에게 익숙한 커플 문화의 틀에서는 연애 기간 동안 서로를 알아갈 수 있는 기회가 충분하지 않다. 이것은 단순히 연애 기간의 문제가 아니라 획일적이고 진부한 데이트 방식의 문제이기도 하다. 단순히 밥 먹고, 차 마시고, 영화 보고, 때가 되면 기념일을 챙기고 결혼식을 올리고 아이를 기르는 차례를 밟아가는 것이 아니라 내면의 결핍, 이 관계에 대한 생각과 갈등 밑에 깔린 욕구에 대해 알아볼 수 있는 더 다양한 데이트 문화가 필요하다. 서로에 대해서 잘 알기 위해 다른 데이트를 시도해보자.

chapter/ 08

믿음이 없으면
사랑도 없다

모든 관계의
기본은 신뢰다

● 진정한 사랑은 신뢰를 바탕으로 이루어진다. 신뢰하
지 않는 사람과 끝까지 사랑할 수 없고 사랑하지 않으
면서 누군가를 신뢰할 수도 없다. 세상에 존재하는 많
은 사랑의 불협화음 역시 신뢰가 깨진 자리에서 날카
롭게 들려온다. 심리학자 에릭슨은 우리 생애 최초이
자, 가장 중요한 삶의 기반이 되는 마음의 목표로 '신
뢰'를 꼽았다. 태어나 처음으로 맞이한 세계, 그리고
그 세계에서 가장 먼저 만난 사람이 심어준 신뢰의 경
험이 결국 모든 사랑의 기초가 된다는 것이다. 나와
타인을 잇는 끈끈하고 친밀한 신뢰감을 바탕으로 이

세계가 믿을 만한 곳이고 내가 사랑받을 만한 사람이라는 사실을 알게 된다. 내가 사랑받아 마땅한 존재라는 신뢰의 감각은 연인과 맺은 관계에 큰 영향을 미친다.

신뢰감이 빈약하다는 것은 그 후에 맺는 관계 속 신뢰를 형성하는 데 있어 무척 불리한 출발선에 있다는 것을 의미한다. 물론 출발이 불리하다고 삶의 모든 장면에서 불리한 위치에 있는 것도 아니고 또 출발이 유리했다고 삶의 모든 장면에서 유리한 자리를 유지하는 것도 아니다. 하지만 신뢰라는 기초 공사가 제대로 되지 못해 불신으로 가득 찬 허술한 마음은 불신의 가능성에 더 집중하게 된다.

이미 온 마음이 불신의 가능성에만 집중하고 있는 사람에게 사랑은 이전에 품고 있던 불신의 가능성을 확대시키는 경험이 된다. 이런 불신의 증상은 지독하고 끈질기며 자동적으로 나타난다. 불신의 악순환을 끊기 위해서는 일단 불신 때문에 사랑하는 사람에게는 물론 나 자신에게 하는 부정적인 행동과 그 행동 밑에 깔린 마음부터 살피는 것이 중요하다. 이전의 경험을 통해 마음속에 가득 채운 불신의 그림자들을 몰아내고 방해물들을 치우고 난 후에야 진정한 관계 맺기가 가능하다.

스스로에 대한 존중과
사랑에 대한 믿음

✦

        남자 친구와의 관계에서 느끼는 불안감과 소외감 때문에 상담실을 찾은 서른 살의 인혜 씨는 자신이 사랑받을 만한 사람이라는 신뢰는 물론 사랑의 가능성에 대한 불신이 큰 사람이었다. 그래서인지 자신의 이야기를 하는 상담 시간조차 하고 싶은 이야기를 집중해서 하는 데에 많은 시간이 걸렸다. 중요한 이야기를 하는 듯하다가도 갑자기 세부사항을 묘사하는 데 시간을 보냈기 때문이다. 나는 그녀의 이야기를 따라가면서 메모를 하다가도 자주 펜을 내려놓게 되었다. 참을성 있게 들어보려고 해도 그녀의 이야기에는 집중이 잘 되지 않았다. 중요하지 않은 일에 대한 묘사가 많았고 이야기는 언제나 핵심과 진의를 알 수 없는 방향으로 전환되었다. 정서와 욕망 역시 한곳으로 모이지 못했다. 이런 특성이 그녀가 맺고 있는 관계에 큰 걸림돌이 된다는 것을 알았다. 이야기의 내용보다는 방식에 인혜 씨의 마음에 대한 더 중요한 실마리가 담겨 있다. 중요하지 않은 이야기를 장황하게 펼치고 있는 그녀를 멈춰 세웠다.

"인혜 씨 혹시 지금 본인이 무슨 얘기를 하고 있는지 인식이 되세요?"

"저도 모르겠어요. 남자 친구랑 지난주에 왜 싸웠는지를 이야기하고 싶은데, 그러려면 콘서트 간 얘기를 해야 하니까, 그러다 보니 티켓 구하는 게 얼마나 힘들었는지 생각이 나서요."

"왜 그렇게 말을 빙빙 돌려하고, 자꾸 옆길로 새게 되는 거 같아요?"

"이야기하다 보면 별 거 아닌데 싶고, 선생님 시간을 뺏는 거 같고, 그래요."

그녀는 자신의 이야기를 하다가도 자꾸만 그 이야기가 시시하다거나 별거 아니라는 식으로 얼버무렸다. 특히 자신이 느끼는 부정적인 감정이나 욕망에 대해서는 더욱 이런 모습을 보였다. 중요하고 폭발적인 뭔가가 일어나려던 차에 축 늘어지고 흩어졌다. 감정의 전환은 갑작스럽고 엉뚱한 지점에서 자주 이루어졌다. 겉으로는 친절하고 잘 웃는 것 같고 자기 이야기도 잘하는 것 같지만 잘 들어보면 그녀의 이야기에는 중심 뼈대가 없었다. 아마도 그녀의 남자 친구와 주변 친구들처럼 그녀에게 가까이 다가가려고 하는 사람들은 이런 감정에 자주 부딪치게 될 것 같았다. 그러니 그녀가 관계에서 불안해지고 소외감을 느끼게 되는 것은 당연했다. 그녀는 왜 이런 마음과 언어 습관을 가지게 된 것일까? 여기에는 두 가지 가설을 세워볼 수 있다.

첫째, 어린 시절부터 그녀의 말을 중요하게 여기고 반영해주는 대상이 없거나 적었다. 자신의 말을 반영해주는 대상이 없을 때 스스로의 욕망과 감정을 오히려 불편하게 느끼게 된다. 내가 무엇을 원하는지, 어떻게 느끼는지에 대해 잘 인식하지 못할 뿐 아니라, 인식하더라도 상대방에게 표현하지 못한다. 내가 이렇게 표현해도 된다는 것을, 그 정도로 소중한 사람이라는 사실에 대한 근본적인 신뢰가 세워지지 않은 것이다.

다른 사람들에게 표현하고 요구할 수 있으려면 일단 내 감정과 욕망이 소중하고 정당한 것이라는 확신을 주는 경험이 있어야 한다. 하지만 그런 경험이 부족할 때 자신은 물론 관계에 대한 신뢰가 별로 없다. 신뢰 없이는 표현도 요구도 힘들다. 인혜 씨처럼 자신이 하려던 이야기를 무수한 내적 검열을 통해 잘라내고 만다. 모든 말줄임표와 머뭇거림에서 이런 신뢰와 불신을 감지할 수 있다. 자신과 관계에 대한 불신이 큰 사람들은 상대가 자신의 마음에 다가오는 길을 복잡하고 울퉁불퉁하게 만들기도 한다. 그래서 그녀와 더 친해지고 싶다면 일단 그녀가 만드는 장황한 에피소드의 숲을 헤맨 후에야 한 발짝 더 다가설 수 있는 것이다. 그 여정에서 사람들은 쉽게 길을 잃고 그녀에게 다가가려는 시도를 포기하고 만다. 스스로 그 길을 명확하게 만들지 않는 한, 마음과 마음이 만나는 일은 그녀에게도, 그녀를 향해 다가오는 사람에게도 쉽지 않은 일이 되어버리는 것이다.

둘째, 그녀는 사랑이 어색하고 서툴다. 제대로 사랑을 받아본 적이 없는 사람이라면 어떻게 해야 사랑을 받을 수 있는지에 대한 경험을 기반으로 한 마음의 지도가 없다. 이들은 사랑을 줄 수 있을 것 같은 사람을 만나면 그 뒤를 자석처럼 졸졸 쫓아다닌다. 그러면서 상대의 관심을 끌어내려고 과도하게 애쓴다. 사소하고 쓸데없는 말을 늘어놓기도 하고 나중에 후회할 실수를 하기도 한다. 그 행동에 그들의 심리적인 생사가 달려 있기 때문이다. 하지만 그 행동은 상대에게 큰 부담을 준다. 그래서 오히려 그 사람에게

만큼은 다정한 말을 건네기가 어려워지는 순간을 경험하기도 한다. 게다가 다른 사람에게 어떻게 다가가야 사랑을 받을 수 있는지 몰라 오히려 사랑을 얻는 방식이 아닌, 받을 수 없는 방식으로 행동한다. 결과적으로 스스로 사랑을 밀어내고 사랑의 가능성에서 멀어지는 것이다.

인혜 씨 역시 불안해지면 그 불안을 혼자서 감당할 수 없어 상대에게 이런저런 말들을 충동적으로 늘어놓기를 반복했다. 하지만 잘 들여다보면 그녀의 진심은 딱 두 가지다. 그리고 이 두 가지 진심은 그녀뿐 아니라 누군가를 사랑하고 그 사람의 선택을 받고 싶어 하는 우리 모두의 마음에 깔려 있는 진심이다. 그것은 "나는 너를 사랑해"와 "네가 나를 떠나거나 거절할까 봐 불안해"이다.

이 두 가지 진심을 분명하게 전할 수만 있다면 상대방이 우리의 마음을 받아들이고 감당하기 더 쉬울 것이다. 하지만 누구나 진심을 전하는 일에는 서툴다. 인혜 씨가 그랬다. 그녀는 자신의 진심을 전하는 것이 두려워 말을 빙빙 돌려하거나 필요 없는 말을 덧붙여 자신이 어떤 말을 하고 싶은지 상대가 알아듣지 못하게 했다.

장황하게 쏟아지는 인혜 씨의 이야기를 들으며 나는 이런 설명들을 그녀에게 어떻게 전해야 할지, 그녀가 잘 받아들일지 걱정이 되었다. 자신의 어려움에 대한 통찰이 전혀 없는 상태라면 이런 피드백을 상처로 받아들일 수도 있기 때문이다. 하지만 인혜 씨는 의외로 쉽게 이해했고 받아들였다.

"맞아요. 저는 누가 제 이야기에 집중하면 너무 불편해요. 분명히 이렇게 하면 상대방이 저를 싫어할 걸 알거든요. 그런데도 자꾸 쓸데없는 말을 하거나 하지 말라고 했던 일을 충동적으로 해요. 내 말을 들어주기를 원하면서도 막상 들어주는 모습을 보면 또 반대로 행동하고 싶어요."

이런 모습은 단순히 '조증'이나 '충동성'으로만 설명할 수 없다. 그녀가 극복해야 할 과제는 그보다 더 근본적인 데에 있었기 때문이다. 그녀는 '사랑에 대한 신뢰감'과 '자신이 소중한 존재라고 믿는 것'이 모든 관계의 시작이라는 점을 받아들였다. 그래서 그 후 그녀의 상담 목표는 사랑받지 못하게 스스로를 방해하는 충동적인 행동을 줄이고 사랑받고 싶은 마음에 집중하는 것이었다. 이를 통해 그녀가 남자 친구와 맺는 관계를 보다 안정적으로 만들어간다면 그 관계를 바탕으로 자연히 자신이 사랑받을 만한 사람이라 믿게 될 수 있을 것이다.

불신의 싹을 틔우는
정체 언어

인혜 씨는 마음의 중심을 자신에게 가져오기 시작하자 불신이나 불안에 휘둘리지 않고 자신의 마음에 집중할 수 있게 되었다. 물론 이 과정은 금방 이루어지지 않았다. 그녀의 마음속에는 근본적으로 남자에 대한 신뢰가 부족했고 자신이 사랑받을 만한 존재가 아니라는 불신에 머물러온 시간이 길었기 때문이다.

관계에 대한 불신과 스스로의 가치에 대한 불신은 깊은 관련이 있다. 그녀는 자신이 사랑받을 만한 존재라는 근본적인 신뢰가 적었기 때문에 자꾸만 사랑의 증거와 반응을 수집하는 데에 열을 올렸다. 타로카드와 점을 보며 사랑의 미래를 가늠하고, 작은 일에 안심했다가 작은 일에 안절부절못하는 과정이 자주 일어났다. 하지만 이런 확인 과정에 집착하며 마음을 그곳에 걸쳐놓다 보면 외부 대상의 행동에 따른 순간의 확인만 있을 뿐 단단한 확신의 감정을 자기 안에서 느낄 수는 없다. 그렇기 때문에 그녀는 자주 불안해질 수밖에 없다. 이런 확인 과정조차 진짜 남자 친구가 아니라 그녀가 마음에 세워둔 내면의 남자 친구의 모습에 초점이 맞춰져 있었기 때문에 남자 친구가 어떻게 하든 그녀의 마음이 근본적으로 편해지지는 않았다.

이런 일은 연인 관계에 있는 모든 사람들에게 일어난다. 현실의 연인이 한 말이나 행동이 아닌 내면의 불신으로 많은 것을 판단하려 한다. 상대가 못 믿을 행동을 해서가 아니라 내 마음이 불신으로 기울어져 있는 것이다. 그러다 보면 자주 불안해지고 절망감에 휩싸이게 되는데 보통 그럴 때 연인은 크게 두 가지 극단적인 반응을 보인다.

하나는 현실의 연인에게 따지기다. 실제 그(녀)가 한 미묘한 말과 행동에 대해 자신의 억측까지 더해 거세게 따지기 시작한다.

"네가 그렇게 행동한 걸 보니 날 사랑하지 않는 게 틀림없어."

그러면 당연히 당황스럽고 억울해진 현실의 연인은 사랑을 주는 대신 자신의 사랑에 대해 더 방어적이거나 공격적인 모습을 보일 수밖에 없다.

"무슨 말이야. 네가 자꾸 그렇게 얘기하니까 지치고 질린다."

그 모습을 보며 더 큰 실망과 배신감, 집착과 미움에 휩싸인다. 불신의 마음을 상대가 신뢰의 마음으로 안아주기를 원해서 한 행동들이 어긋나면서 결국 불신을 확인하는 결과를 안게 된다. "거봐, 사랑하지 않잖아"라며 마음속 불신의 도식에 상대방을 끼워 맞추게 되는 것이다. 관계의 악순환은 이렇게 불신이 더 큰 불신을 불러오며 동력을 얻는다.

또 다른 반응은 실제 연인에게 확인하지 않은 채, 불신의 마음을 자기 안에서만 키우는 것이다. 확인 과정도 고통스럽고 관계에 악영향을 불러올 수밖에 없다는 것을 알기에 꾸역꾸역 올라오는 불신의 먹구름을 모두 자신의 마음속 동굴에 감춰두려 한다. 억압된 것은 어떻게든 밖으로 나올 통로를 찾기 위해 필사적이기 때문에 자신의 마음과 다투며 고통스러워진다.

이런 마음으로부터 도망치기 위해 마음을 솔직하게 말하는 대신 자신의 마음을 부끄럽게 여기고 입을 다문다. 진짜 중요한 이야기는 관계에 악영향을 가져올 수 있기에 말하지 않게 된다. 대신 장황하고 무의미하고 상투적인 이야기만 반복하고 만다. 그러면서 연인 사이의 언어가 정체되는 것이다.

인혜 씨가 상담 초기에 보여준 지루한 언어 패턴은 이런 배경 때문에 나타났다. 자신이 실제로 해야 하며 하고 싶은 말들로부터 도망치고, 그럼으로써 어쩌면 그녀를 더 잘 사랑하게 할 수도 있는 것을 스스로 훼방 놓고 있는 것이다.

연인 관계뿐 아니라 다른 인간관계에서도 그녀는 이런 모습을 고수했다. 그랬기에 사람들은 그녀를 '가볍고 생각 없는 애'라고 생각했다. 이런 인식이 마음에 드는 것은 아니지만 적어도 사람들이 이렇게 인식한다면 거절당할 위험으로부터는 자신을 구할 수 있다고 믿었다. 이런 그녀의 생각과 전략이 완전히 틀린 것은 아니다. 가벼운 관계에서는 유쾌하고 명랑한 사람을 선호하니 말이다. 하지만 이렇게 가볍고 피상적인 모습만 고수하는 데에는 큰 맹점이 있다. 진지한 관계 맺기에 방해가 된다는 점이다.

그녀는 자신이 고수해온 모습 이면에는 사람과 사랑에 대한 불신은 물론 사랑받고 싶고, 믿고 싶은 마음도 있었다는 것을 느끼면서 점점 불신이 아닌 신뢰에 무게중심을 실어갔다. 조금씩 자신이 느끼는 것을 남자 친구는 물론 친구들에도 표현해보기 시작했고 그럴수록 그녀는 가벼운 사람이 아닌 진지하고 집중하는 모습도 가진 사람이라는 것을 발견해나갔다. 그러면서 남자 친구와의 관계 역시 전보다 안정적으로 자리 잡아 갔다.

시간이 갈수록 그녀의 이야기에는 힘이 실렸고 그녀가 몰입하는 만큼 그 이야기를 듣고 있는 나 역시 힘을 느끼고 몰입하게 되었다. 이야기의 내용이 아닌 이야기를 하는 방식만 봐도 과거와 달리 자신이 얼마나 사랑받을 만한 사람인지, 자신을 둘러싼 세상이 자신을 얼마나 괜찮은 사람이라 믿는지 그녀의 달라진 관점을 느낄 수 있었다. 이 힘을 기반으로 그녀는 남자 친구와 더 분명한 소통을 해나갈 수 있게 되었다. 불평불만에 휩싸여 있으면서도 자기 이야기를 하지 않으려 하는 여자 친구가 답답했고 은근히 무시하는 말도 했던 남자 친구는 그녀의 변화를 가장 크고 직접적으로 느끼게 되었다. 그리고 이 모든 것은 그녀가 집중해서 자신의 마음을 이야기하는 것에서 시작되었다. 그녀에게 있어 신뢰는 내 마음을 이야기하는 데에서 시작되었던 것이다.

신뢰를 주고받는 관계의 힘은 크다. 관계를 거울삼아 자신을 비춰보며 내가 어떤 사람인지, 무엇을 원하는지, 어디로 가고 싶은지를 선명하게 보게 된다. 자신을 비춰주는 관계를 경험해본 적이 없었기에 스스로의 가치를 신뢰할 수 없어 관계 또한 신뢰하고 의지할 수 없는 악순환을 반복해온 인혜 씨는 가장 원하는 것(사랑)

을 가장 두려워하며 사랑이라는 관계에 온전히 자신을 내보이며 살 수 없었다. 그랬기에 불안했고, 불안했기에 끌어안고 싶은 상대방을 오히려 내치면서 살았다. 그녀는 자신이 사랑받을 만한 사람이라는 자기가치와 사랑을 믿고, 그 사랑에 자신을 온전히 의지해도 괜찮다는 신뢰의 방향으로 돌아서고 나서야 마음의 길을 보다 분명하고 깔끔하게 만들 수 있었다. 사랑에 있어 신뢰는 이처럼 중요한 요소이다.

상처는 관성이 되어
불신을 부른다

영미 씨 역시 인혜 씨처럼 불신의 문제를 가지고 있었다. 서른일곱 살의 영미 씨는 우울한 마음 때문에 상담을 신청했다. 하지만 그녀를 마주하고 있다 보면 우울보다는 냉소감이 더 강하게 느껴졌다. 그녀는 지난 반년 동안 유부남과 사귀고 있다고 했다. 다른 사람들에게 떳떳할 수 없는 관계에 있다는 것도 그녀를 힘들게 하는 것이지만 더 큰 문제는 불륜이라고 말할 수 있는 이런 관계가 벌써 세 번째라는 데에 있다. 그녀가 왜 안정적이지 않은 관계를 반복하는 것인지 이해할 수 있어야 그녀를 진정으로 도울 수 있을 것 같았다.

불륜은 민감한 주제일 뿐 아니라 윤리적인 잣대를 외적으로도,

내적으로도 받게 되는 사건이다. 어느 누구도 불륜을 좋게 보지 않는다. 떳떳하지 못한 연인 관계는 두 사람을 부정적인 감정의 소용돌이로 밀어 넣는다. 게다가 이런 마음은 자신을 소외시킨다. 다른 사람이 받아들이지 못하는 일을 하고 있다는 마음이 들기 때문에 다른 사람이 자신을 거부하기 전에 먼저 자신을 소외시킨다. 이런 관계가 그녀의 우울과 어떤 관련이 있을까? 아니면 그녀가 우울하기 때문에 이런 관계를 선택한 것일까?

우울이라는 감정은 '선택지가 없거나 희박하다는 절망적인 느낌'과 '나 자신에게 향하는 분노'로 이해할 수 있다. 내 앞에 놓인 삶의 과제를 해결해나가는 데 있어서 내가 할 수 있는 것이 없다는 무력감과 부당한 일이 벌어지지만 그 일을 벌려 놓은 외부 대상에 대해서 화를 낼 수 없거나 화를 낼 수 없다고 느낄 때 밖으로 표출될 수 없는 분노는 서서히 마음속에 쌓인다.

연애 관계에 있다 보면 우울에 취약해질 때가 있다. 때로 내가 어찌할 수 없는 상황과 연인의 어떤 특성을 마주하고 우울을 느낀다. 상황을 바꿔나가기 위해 필요한 내 안의 힘이 없거나, 그 힘이 있어도 휘두를 수 없는 상황에서 한없이 스스로를 타박하고 깎아내리며 자신에게 분노한다.

영미 씨는 유부남하고만 연애하는 이유를 "내 것이 될 수 없는 것이 매력"이라고 말했는데, 그 말은 농담이 아니었다. 상대가 이혼을 하고 본격적으로 그녀에게 오겠다고 하면 그녀는 뒷걸음질 치기 시작했기 때문이다. 그녀의 목표는 애정을 독점하는 관계가 아니었다. 사랑하는 대상의 독점적인 사랑과 그 사랑 안에서 느끼는 안정감은 사랑하는 관계에서 당연히 원하는 것이다. 그녀가 정말 이를 원하지 않는 것인지 아니면 원하지 않는다고 생각하게 된 다른 이유가 있는지 살필 필요가 있다.

가장 큰 가능성은 '아빠 콤플렉스'다. 아빠는 최초의 애정 대상이기 때문에 연인을 선택하는 데 있어서 아빠의 영향을 파악하는 것은 중요하다. 아빠에 대한 해결되지 않는 양가감정을 가진 딸들은 자라서 조금은 왜곡되고 뒤틀린 관념을 가지고 대상을 선택하는 경향이 있다. 아빠의 사랑에 대한 결핍감은 때로 나이 차이가 많이 나는 남성들에 대해 느끼는 매력의 동력이 되기도 한다.

또 한 가지는 '자극추구 경향성'이다. 언제나 새로운 자극에 강하게 반응하고 호기심이 많은 사람은 다른 사람들이 선호하는 안전이나 안정이라는 관념에 대한 기대가 없다. 그렇기 때문에 불륜에도 쉽게 발을 들이는 경우가 간혹 있다. 하지만 호기심이나 충동성이 이런 행동을 설명하기에는 빈약하다. 게다가 그녀는 오히려 내적으로 자유롭기보다 많은 억압에 갇혀 있는 면이 많았다. 그녀가 불안정하고 떳떳하지 못한 데이트 관계에서 얻는 물질적인 이득도 없었다.

"남자로부터 뭔가 받는 것도 없어요. 상대방이 돈을 많이 쓰면 부인한테 들키니까 데이트 비용도 거의 제가 내요."

그는 그녀에게 물질적인 결핍은 물론 심리적인 결핍을 채워줄 수 있는 사람이 아니다. 또한 그는 그녀가 힘들 때 쉽게 옆에 있어 줄 수 있는 사람도 아니다. 가정이 있기 때문에 그녀와 만날 시간도 별로 없다. 한 달에 두 번 정도 만나는 것이 다일 정도로 간헐적인 관계를 그녀는 왜 유지하고 있는 것일까?

겉으로 보기에는 이해되지 않는 누군가의 행동이라고 해도 행동을 하는 데에는 그 사람 나름의 너무나 당연한 이유가 있다. 그 사람만이 인식하는 심리적인 이득이 그 밑에 깔려 있기 때문이다. 받는 게 없는 것처럼 보여도 얻는 게 전혀 없는 관계는 하지 않는다. 관계는 언제나 무언가를 교환하고 그 관계가 자신에 대해 말해주는 것을 거듭 확인하고 확신하다. 금전이든 마음이든 욕구이든, 그녀는 분명 이 관계에서 얻는 것이 있다. 그리고 이것은 그녀의 의식 세계보다는 무의식의 세계에, 이득보다는 결핍에 더 깊이 관련이 있기에 쉽게 파악하기 어려운 것이다.

여러 가능성을 살펴본 끝에야 나는 그녀가 불신을 증명하고 반응하는 삶을 살고 있다는 것을 알게 되었다. 그녀는 유부남을 만나는 관계를 통해 불신에 대한 확신, '사랑은 원래 이루어질 수 없는 것', '나는 결코 사랑받지 못할 것'이라는 확신을 얻었다. 그녀에게 있어서 사랑의 가능성에 대한 뿌리 깊은 불신이 이 모든 뒤틀린 관계의 원인이자 결과였다. 이런 부분을 짚어주자 그녀는 처음에는 이런 설명과 가능성을 받아들이지 않았다. 하지만 결국 그녀도 자신 안에 있는 사랑과 자신이 사랑받을 만한 사람인가에 대한 깊은 불신감이 불안정한 관계로 자신을 밀어 넣게 된 이유라는 것을 인정하게 되었다.

이토록 뿌리 깊은 불신감으로 사랑을 바라보게 된 이유는 아픈 첫사랑의 경험에서 시작되었다. 그녀는 여자 친구가 있었던 과외 선생님을 좋아하며 사춘기를 괴로운 열병 속에서 보냈다. 그저 잠깐 동안의 아픈 짝사랑만으로 그친 것이 아니라 그녀의 몸과 마음에 치명적인 흔적을 남겼다. 그의 사랑을 얻기 위해 어엿한 대학생이 되고 싶었고 여자 친구가 있으면서도 그녀에게 어영부영한 태도를 보이는 그를 무조건 기다렸다. 처음부터 이 관계는 비밀일 수밖에 없었고 모든 것을 감당해야 하는 사람은 그녀였다. 결국 그의 여자 친구가 이 관계를 알게 되면서 그는 모든 책임을 그녀에게 뒤집어씌우고 냉정한 모습을 보였다. 그를 잃는 것이 두려웠던 그녀는 그에게 화를 내기보다는 애원했다. 20대 초반의 꽃다운 나이를 눈물로 보내며 언제나 그를 받아들였다. 그녀가 그와의 관계를 모든 사람에게 비밀로 했기 때문에 스스로 고립될 수밖에 없었다. 그의 아이를 임신하고 혼자 수술을 할 때에도 그녀는 철저히 고립되었다. 수술 비용마저 그에게 요구하지 못할 정도로 그녀는 바보 같았다.

"어쩌면 그 사람을 만나기 훨씬 전부터 제가 저에 대한 존중이 뭔지 몰랐던 것 같아요. 그런데 그런 상태에서 누군가가 좋아지기 시작하니까 그 감정이 저를 완전히 덮어버렸어요. 그게 고통이라는 걸 알았지만 고통 속에만 있고 싶었어요."

다행히 그녀의 일을 사촌 언니가 알게 되고 붙잡아주었다. 처음으로 자신의 마음을 괴롭히던 비밀을 다른 사람에게 털어놓으면서 오랜 고립 상태에서 벗어났다. 그 후 그녀는 겉으로 보기에는 평범한 대학생활을 했고 평범한 연애도 했다. 하지만 관계가 깊어지려고 하면 언제나 그녀가 먼저 발을 뺐다. 예전의 상처를 이야기해야 하는 부담 때문만은 아니었다.

"평범한 연애는 오래할 만큼 끌리지가 않아요. 유부남을 만나면 제가 원하는 거리감이 자연스레 유지돼요. 저는 결혼 생각이 없어요. 결혼에 대한 확신이 전혀 없어요."

누군가에게 연애는 독점욕의 실현이자 누군가 나만을 향하고 있다는 안도감이지만, 그녀에게 연애는 금기가 동반되는 희뿌연 관계이며 결핍을 극대화시키고 불안과 죄책감을 주는 것이다. 상처는 관성이 된다. 불안한 관계에서만 안정감을 얻는 이상한 사랑의 도식이 그녀 안에 형성되었고 그녀는 그런 비틀린 사랑의 도식 안에 스스로를 가뒀다.

운동 경기와는 달리 연애는 그 반대의 지향점을 두고 공과 골키퍼가 존재한다. 골키퍼가 있는 방향으로 공을 차지 않을 뿐 아니라 그쪽은 쳐다보지도 않을 것을 중요한 규칙으로 삼는다. 그래야만 윤리적으로 올바르며 심리적으로 건강하며 사회적으로 용인되는 연애가 이루어진다. 골키퍼 쪽으로 공을 차는 사람뿐 아니라 골키퍼가 있음에도 차보라고 유혹했던 대상, 그리고 골키퍼 모두가 결국에는 초라해진다.

임자 있는 대상을 탐했다는 떳떳하지 못한 마음, 사랑하는 대상을 믿었지만 배신당했다는 허탈함과 분열감은 비극을 가지고 온다. 누구나 불륜이라는 삼각관계에 내던져지면 냉정을 잃는다. 아무리 냉정을 되찾으려 노력해봐야 차디찬 분노와 용서를 가장한 감정의 억압을 삼켜야 할 뿐이다. 물론 이 가운데 가장 억울하며 그 관계 밖의 타인에게 더 많은 심리적 지지를 얻을 수 있는 쪽은 골키퍼이다. 의도 없이 무방비로 이 구도 속에 던져진 '피해자'라는 이유로 다른 사람들은 이들을 위로하고 지지한다. 하지만 그게 다 무슨 소용인가. 가장 단단히 지켜지기를 원했던 신뢰가 깨졌다. 그(녀)는 불안 요소가 많고 영원할 게 없는 세상을 견딜 마음의 중심을 잃었다. 애초에 그 틀을 믿지 않았던 관계 냉소주의자들도 이 지점에서는 한없이 무너져 내린다.

프로이트는 삼각관계라는 구도가 사실은 모든 사람들에게 불편하지만 익숙한 심리구도임을 설명했다. 한때 아이였던 우리가 세상에 태어나 처음으로 애착하게 되는 중요하고도 절실한 대상, 하지만 이미 따로 사랑하는 사람이 정해져 있던 대상에 대한 강렬한 사랑과 질투, 소유욕과 상처를 지나치는 과정에서 성격을 발달시키고 현실감각을 키워가며 관계를 형성해가기 시작했다는 것이다. 그렇기에 셋은 언제나 불길하고 불안한 숫자다. 사랑뿐 아니라 우정에서도 셋을 경계한다. 이런 불안과 경계심에는 크게 두 가지 요인이 있다. 하나는 거절의 두려움이고 다른 하나는 독점의

욕구다. 그런데 영미 씨는 과거의 상처에서 얻게 된 불신에 가려져 사랑을 원하는 자신의 마음을 잘 모를 뿐 아니라 사랑에 대한 관념도 많이 뒤틀려 있다. 사랑에 극적인 요소가 있어야만 사랑답다고 느끼는 것도 같다.

"착하다고 하는 남자, 나만 바라봐줄 것 같은 남자가 좋긴 했지만 별로 마음이 안 갔어요. 억지로 좋은 척하는 것 같고 그냥 사탕발림인 것 같죠."

그녀 스스로 자신을 괜찮다고 여기지 않았기 때문에 자신을 괜찮다고 봐주는 사람에게 마음이 가지 않았다. 자신은 착한 사랑을 받을 자격이 없고 그런 사랑이 불가능하다고 생각했기 때문에 그렇게 밀어내는 방식으로 관계를 해온 것이다. 어정쩡하게 나쁜 관계만 하며 나쁜 자신을 확인하는 것이 그녀에게는 더 편하고 안전하고 익숙했지만 그래도 그것이 그녀의 근본적인 욕구는 아니다. 사랑을 추구하는 방식은 사람마다 다를지라도 사랑을 원하는 마음에는 예외가 없기 때문이다. 게다가 그녀가 애초에 상담실을 찾은 이유인 알 수 없는 불면과 우울감이 그 중요한 예다.

심리적 증상은 이유 없이 나타나지 않는다. 그녀는 사랑을 원하지 않으며 믿지 않는다고 말했지만 그녀의 증상은 그녀가 그 누구보다도 사랑을 원하고 있고 사랑을 믿고 싶어 한다는 것을 보여주었다. 증상은 그녀에게 변화를 촉구하는 메시지다. 영미 씨는 자신을 보다 객관적이고 긍정적으로 바라보고 사랑에 대한 왜곡된 관념을 교정할 필요가 있다. 그 가운데 가장 중요한 것은 '스스로에 대한 존중'과 '사랑에 대한 신뢰'다.

그 교정의 길은 험난했다. 그녀는 관계를 끊었다가도 다시 돌아가기를 반복했고, 자신이 가장 견디기 힘들어하는 것이 '혼자'라는 상태임을 아프고 괴롭게 인식했다. 그리고 그녀의 이런 마음 투쟁은 앞으로도 계속 진행될 것이다. 아무리 단단하고 안정적인 둘의 관계에 진입하게 된다고 하더라도 혼자의 시간을 감당해야 할 때가 있기 때문이다.

둘이든, 혼자이든, 모든 관계는 스스로를 소중히 여기는 마음을 가진 사람, 내가 소중한 만큼 상대의 소중함도 느끼는 사람, 그 둘이 만나 '사랑은 가능하다'를 실현하는 장이 되어야 한다. 내가 나로서 괜찮다는 마음, 나는 사랑받을 만한 사람이라는 마음 없이 사랑은 잘 흘러갈 수 없다. 나와 사랑에 대한 신뢰의 마음을 잘 보살피고 다듬어주자. 믿는 대로 행동하게 되고 또 믿는 대로 얻게 된다. 사랑은 사랑으로 온전히 받아들이고 나와 너, 그리고 우리를 신뢰하자.

신 뢰 를   주 고 받 는
사 랑 을   위 해

사랑을 사랑으로 온전히 받아들이지 못하는 모든 마음에는 불신이
깔려 있다. 건강한 사랑을 하기 위해 '사랑이 가능하다는 것'과 '내가
사랑받을 만한 사람'이라는 것을 믿어야 한다.

∴ 현재에 집중하자

인혜 씨나 영미 씨처럼 관계에 대해 깊이 불신한다면 '카르페 디
엠(carpe diem)'을 기억하자. 카르페 디엠이란 현재에 집중할 것을 말
한다. 불신으로 기우는 연인들의 마음은 대부분 이미 지나간 과거나

아직 오지 않은 미래에 머물러 있는 경우가 많다. 그렇기에 앞에 있는 연인을 있는 그대로 받아들이고 사랑을 즐기지 못하는 것이다. 하지만 잘 살펴보면 이런 불신의 마음은 현재의 실제 대상에 대한 것이 아닌 과거의 대상이나 미래의 대상에 대한 것인 경우가 많다. 그러므로 바꾸려 해도 바꿀 수 없는 것이 많다.

과거에 일어났던 불신의 증거가 되는 사건에 대해 두고두고 되새김질하며 나는 물론 상대방을 괴롭힌다면 마음을 과거에서 현재로 데리고 오자. 상대방이 신뢰를 깨는 행동을 하기도 전에 미리 두려워하고 불안해진다면 그 마음 역시 미래에서 현재로 데려오자. 아직 일어나지 않은 일에 대해서 마음을 쓰거나, 이미 일어나버렸기에 어찌할 수 없는 일에 대해 최악의 시나리오를 상상하거나 상대방이 하지 않은 일에 대해 추궁하는 괴로움에 사랑을 있는 그대로 받아들이지 못하는 우를 범하지 말자. 불신에는 이유가 있지만 과거가 현재에 미치는 영향을 끊으려면 일단 현재에 집중해야 한다.

∴ 한결같이 곁에 있어주자

불신 때문에 사랑을 쉽게 받아들이지 못하는 연인을 도와주고 싶다면 부모와 자녀의 안정적인 애착 관계를 위해 무엇이 필요한가에서 실마리를 얻을 수 있다. 부모와 자녀의 관계는 세상에 태어나 맺은 최초의 관계이자 관계에 대해 가르쳐주고 밑그림을 그려준 가장 강력한 관계이기에 성인이 되어 맺게 되는 남녀 관계에도 많은 영향을 준다. 그중 신뢰와 관련해 안정 애착을 형성하기 위해 중요하게 강조하게 되는 것이 '일관성'과 '가용성'이다.

일관성은 한결같은 모습을 보여주는 것이다. 때로 관계 초기에는 상대의 마음을 얻기 위해 무리를 한다. 자신이 아닌 모습을 보여주려 애쓰기도 하고 해줄 수 없는 것을 약속하기도 한다. 어느 정도 노력이 필요할 수도 있지만 끝까지 한결같은 모습을 보일 수 없다면 이런 모습은 후에 상대방의 신뢰를 깨는 모습으로 전환되기도 한다. 그래서 누군가의 마음을 얻기 위한 노력은 현실적인 범위를 유지하는 것이 필요하다. 중간에 지쳐서 그만둘 것이라면 처음부터 하지 않는 것이 좋다.

가용성은 필요할 때 옆에 있어주는 것이다. 신뢰에 있어서 중요한 한 가지 요소가 가용성이다. 힘들 때 옆에 있어주는 사람, 애타게 손을 내밀었을 때 그 손을 잡아주는 사람, 가장 외로운 순간 지체 없이 외로운 마음을 이해하고 받아주는 사람에게 신뢰를 느낀다. 누군가의 신뢰를 얻고 싶다면 그 사람이 힘들어할 때 옆에 있어주어야 한다. 그리고 진심으로 다가가고 보살펴주어야 한다. 이런 관계 경험이 주는 울림은 오래, 깊이 지속된다.

신뢰는 머리로 생각하는 것이라기보다는 가슴으로 느끼는 것이고 의식적이기보다는 무의식적이며 직관적으로 알게 되는 것이기도 하지만 시간과 노력을 들이는 경험을 바탕으로 축적되는 것이다. 생각을 바꾸는 것보다 가슴으로 느끼는 것, 의식적이기보다는 무의식적인 것, 직관적인 것보다는 경험으로 축적하는 것이 더 파악하기 어렵고 그렇기에 자꾸만 과거로 돌아가게 되는 마음의 관성을 느끼지만 노력하는 한 우리 마음은 언제나 변화가 가능하다. 나를 믿고, 너를 믿고, 우리를 믿자. 세상은 살만한 곳이고 나는 사랑받아 마땅한 사람이다.

chapter/ 09

모든 사랑에는
균열이 있다

상대를
바꾸고 싶은
마음

●

아무리 사랑한다고 해도 내 마음에 쏙 들지 않는 모습을 발견한다. 조금 마음에 안 드는 것은 넘어갈 수 있다. 하지만 그런 모습들이 쌓이다 보면 마음에는 균열이 생긴다. 이런 균열은 그냥 사라질 때도 있고 시간이 지나면서 그대로 받아들이고 내려놓게 될 때도 있다. 하지만 때로는 더 깊고 강력해지기도 한다. 그럴 때는 관계에 긴장감이 생긴다.

균열은 불편함을 준다. 자신의 불편한 마음을 상대에게 전가시키고 싶은 마음이 든다. 보통 이런 상황에서 상대를 원망하고 비난하며 내면의 갈등을 분출한다.

"너 때문에 내가 힘들어. 네가 이것을 고쳐줘야 해"라면서 말이다. 연인에게 이런 이야기를 듣게 되면 공격받았다는 생각 때문에 더욱 방어적인 태도를 형성하게 된다. 말하자면 "내가 어떻게 해주면 될까?"라는 생각보다 "그러는 넌? 나를 불편하게 하는 게 없는 줄 알아?"라는 마음으로 돌아서게 되는 것이다. 그러면 갈등은 해결되기보다 오히려 심화된다.

이렇게 균열과 갈등에 반응하다 보면 아무것도 아닌 사소한 일이 이별로 향하는 길이 된다. 그래서 연인 관계에서 말하는 모든 갈등의 시작은 제3자에게 다시 말하기 유치하다고 생각될 정도로 아무것도 아닌 사소한 것이 계기가 되는 경우가 많다. 문제는 불만의 내용이 아니다. 그보다는 그 불만을 표출하는 방식과 방어하고 공격하고 싶어지는 마음에 있다. 이 모든 것이 균열과 갈등의 원인을 내면에서 찾기보다 상대의 행동에서 찾으려 하기 때문에 나타난다.

사랑은 때로 가장 어려운 것을
바라게 만든다

연애 초기에만 해도 미정 씨는 상윤 씨에게 별로 바라는 것이 없었다. 기념일도 챙기지 않고 이벤트는 생각할 수도 없는 무뚝뚝한 사람이라는 것을 알았지만 사실은 그런 면이 더 매력적으로 느껴지기도 했다. 연애 초반에는 그의 그런 특성들이 가식이 없는 진실한 사람임을 입증하는 증거처럼 보였다. 그런데 시간이 갈수록 그녀는 그가 마음에 들지 않았다.

"권태기라고 생각했던 것 같아요. 어차피 다른 사람들을 만나도 항상 같았으니 체념하는 심정으로 그냥 결혼을 했어요. 항상 누군가를 만나면 연애 초반에는 무조건 좋아요. 그 사람이 무슨 말을 하든, 뭘 입고 오든, 돈이 있든, 직업이 별로든, 저는 그런 걸

따지는 사람이 아니에요. 그런데 시간이 조금 지나면 아무것도 안 바라고 무작정 좋아하던 것이 이것도, 저것도 다 마음에 들지 않아서 불평, 불만에 휩싸이고 그걸 마구 분출하다가 헤어지는 경우가 많았어요. 그나마 남편은 저의 그런 점을 받아주는 면이 커서 결혼했어요. 저도 저를 좀 조절하고 억누르려고 노력하긴 했죠. 결혼하면 나아지겠지 싶기도 했던 것 같아요. 하지만 결혼하니까 마음에 안 드는 게 더 심해지는 거예요."

막상 결혼을 하고 나니 남편에 대한 불만과 불평은 커져갔다. 남편을 바꾸고 싶은 욕구는 점점 겉으로 나타났다. 그녀는 남편의 소극적인 성격이 마음에 들지 않았고 생일날에 축하 카드 한 장 없이 지나가는 무심함에 분노하기 시작했다. 직장이 안정적이지 못하고 수입이 불규칙한 것도 큰 불안이자 불만이었다. 남편의 뱃살을 외면하고 싶었고 밖에서 우연히 남편을 만났을 때 그가 입고 있는 옷의 부조화가 내내 마음에 걸렸다. 쉬는 날 집에서 컴퓨터 게임을 하고 있으면 소리를 지르고 싶어졌다. 남편이 설거지나 청소를 해놓으면 마음에 들지 않아 자신이 다시 하지 않고는 견디지 못했다. 그래도 그녀는 자신의 불평, 불만에 휩싸여 무조건 남편을 탓하기보다는 이런 자신의 마음에 석연찮은 뭔가가 있다는 것을 어렴풋이 인식하고 있었다.

그런 면에서 미정 씨는 보통 사람들보다 더 성숙하고 통찰력이 있는 사람이었다. 그녀는 자신의 마음속에서 일렁이는 불만과 짜증, 분노가 단지 상대 때문이 아니며 자신이 누군가를 만나 사랑을 할 때마다 계속 나타나는 패턴임을 알고 있었다. 그녀는 이런 자신의 마음을 이해하고 싶었고 이에 대해 더 나은 방식으로 대처하고 싶었다. 그래서 그녀는 상대를 원망하고 싶은 마음을 상대에게 퍼부어서 관계를 악화시키는 대신 혼자서 상담실을 찾았다. 만약 그녀가 자기 문제에 대한 인식이 없었다면 남편과 상처를 주고받으며 갈등을 크게 키우고 이혼을 하느냐, 마느냐를 놓고 나중에 부부상담을 신청했을지도 모른다.

"남편은 저에게 원하는 게 없거든요. 이렇게 말하고 나니 이상하기도 하지만 정말이에요. 남편은 그저 제가 편하기를 원해요. 저를 바꾸려고 하지 않고 있는 그대로 받아주는 편이에요. 그런데 저는 왜 이렇게 남편에게 바라는 게 많을까요? 자꾸만 이혼하고 싶다는 생각이 들어요. 친한 친구들한테 이야기하면 비웃을 게 뻔하지요. 남편이 아무 문제도 일으키지 않고 그저 잘해주는데 이혼이라니요."

그녀의 마음속에서는 상대를 바꾸고 싶은 현실적이고 일상적인 욕구와 무조건적인 사랑에 대한 이상이 충돌하고 있었다. 한편으로는 남편을 있는 그대로 사랑하고 싶고, 있는 그대로 받아들이는 사랑만이 진실이라고 생각했다. 하지만 다른 한편으로 남편의 모습이 마음에 들지 않아서 미칠 것 같았다. 결혼을 하지 않았다면 예전처럼 관계를 끝냈겠지만 이제는 자신이 결혼이라는 제도에 묶여 있기에 그 제도 밖으로 밀려나고 싶지 않았다. 게다가 그런 편리한 이별과 퇴장은 회피에 불과하다는 사실도 알고 있기에 자신의 마음을 해결하기 위해 할 수 있는 노력을 해보고 싶었다.

충돌하는 욕구와 이상 사이에서 그녀는 큰 긴장과 갈등을 경험하고 있다. 친한 친구조차 이해하지 못할 고민이라는 그녀의 말처럼 어떤 사람에게는 그녀의 고민이 와 닿지 않을지도 모른다. 남편에게 어떤 큰 문제가 있는 것도 아니고, 겉으로 보기에는 평온한 결혼 생활을 하고 있으며 갈등이 표면화된 것도 아닌데, 힘들어하는 그녀가 이해되지 않을지도 모른다. 하지만 삶을 살아가면서 가장 큰 스트레스와 불안에 시달리게 되는 순간은 바로 마음의 불일치를 경험하는 순간이다. 불일치는 일치를 요구한다. 불일치의 간극이 클수록 우리 마음은 분열되어 힘을 잃게 된다.

무조건적인 사랑의 가치를 강하게 생각했던 그녀는 자꾸만 조건적인 가치에 맞춰 상대를 있는 그대로 받아들이지 못하는 자신의 불일치에 괴로웠고 그러면서도 상대를 바꾸고 싶은 마음 때문에 일어나는 불만과 분노, 짜증 때문에 지쳤다. 이런 그녀가 석 달간의 상담을 통해 알게 된 자신의 마음에는 우리 모두가 사랑하면서 꿈꾸는 무조건적인 사랑과 자기 수용에 대한 깊은 통찰이 담겨 있다.

바꾸고 싶은 상대의 모습은
받아들이지 못하는 내 모습이다

그녀는 남편에 대한 마음을 자유롭게 풀어놓으면서 자신이 받아들이지 못하고 바꾸고 싶어 하는 남편의 모습이 사실은 자신의 모습과 깊은 관련이 있다는 것을 알게 되었다. 불만을 품었던 남편의 모습을 돌아보니 연애 초기부터 지금까지 남편은 언제나 일관적인 모습이었다는 것을 더 분명히 알게 되었다. 하지만 그 모습을 바라보는 그녀의 관점이 크게 달라졌다. 남편은 섬세하거나 다정다감하지 않고 깔끔한 성격이 아니다. 생일이라고 특별히 뭔가를 챙겨줄 줄도 몰랐고 그녀도 자신은 그런 것은 별로 신경 쓰지 않는다고 생각했다. 하지만 자신도 모르게 남편이 다정하게 사랑을 표현하기를 기다리고 있었다는 것을 결혼 후 함께 살고야 알게 되었다. 주변에 다른 남편들이 아내에게 뭔가를 선물했다거나 사랑을 표현했다는 이야기를 들으면 마음속으로 그러지 않는 남편을 원망했다. 하지만 그러면서도 자신의 욕망에 대해 솔직하게 소통하지 않았다. 게다가 그녀가 반복적으로 "나는 별로 원하는 게 없는 사람이야"라고 말해왔다. 그녀는 자신의 모든 고민의 주어를 바꿔야 한다는 것을 알았다. "남편이 왜 자신에게 섬세하고 다정하게 사랑을 표현해주지 않는가?"가 아니라 "내가 왜 남편에게 섬세하고 다정하게 사랑을 표현해달라고 요구하지 않는가?"가 본질적인 질문이다. 욕망을 표현하기 위해 일단 자신의 욕망이 무엇인지부터 살펴볼 필요가 있다.

미정 씨가 남편에게 불만을 품고 불평하고 싶어지는 그 시점에도 주기와 패턴이 있었다. 다른 일로 스트레스를 받거나 감정이 상하는 일이 있는 때일수록 못마땅한 남편의 행동에 집중하며 부정적인 평가를 내렸다. 그녀는 타인의 눈에 비친 자신의 이미지를 무척 중요하게 생각했다. 그녀는 오히려 자신이 다른 사람 눈치를 본다고 생각하고 싶지 않았기에 이중의 압박감을 느끼고 있었다. 이미지를 중시하고 눈치를 보면서도 눈치를 보지 않는 당당하고 털털한 이미지를 고수하기 위해 버텨온 마음의 긴장감은 컸다. 이

긴장감을 들키고 싶지 않았기 때문에 어떤 관계에서든지 거리감을 느꼈다. 그랬기에 남편과의 관계에서만큼은 긴장 없이 편해지고 싶었고 자신도 모르게 다른 관계에서 느끼는 긴장과 스트레스를 남편에게 쏟아내는 일이 많았다. 친밀한 관계라면 긴장감을 모두 내려놓고 편하게만 있고 싶은 욕구가 나타나기 마련이지만 다른 관계에서 느끼는 긴장과 억압의 스트레스가 클 때 자신도 모르는 사이에 연인에게 마음의 큰 짐을 지우게 된다. 그녀는 자신의 모습을 돌아보며 자신이 남편에게 생각보다 더 많은 짐을 지우고 있었다는 것을 알게 되었다. 남편이 마음에 들지 않는다며 이혼을 하고 싶은 마음까지 들었지만 사실 이 관계에 더 의존적이고 얻어가는 것이 많은 것, 그럼에도 불평불만을 내비치는 사람도 자신임을 알았다.

또한 그녀는 자신의 현재 모습이 아빠를 향한 엄마의 불만과 많이 닮아 있다는 점을 깨달았다. 그 모습은 자신이 그토록 피하고 싶어 했던 엄마의 모습이다.

"엄마도 아빠에 대한 불만이 많았고 자꾸 이렇게 저렇게 바꾸고 싶어 하셨어요. 자꾸만 간섭하고 고치려고 하는 거예요. 엄마는 그게 다 아빠를 위해서라고 이야기하곤 했지만 사실 엄마 자신을 위한 것이었어요."

그녀의 엄마는 좋게 말하면 자기확신이 강한 사람이었고 나쁘게 말하며 독선적인 사람이었다. 다른 사람의 사정은 고려하지 않고 엄격한 잣대로 가차 없는 평가를 내리기 일쑤였고 자신의 도덕적인 우월성을 증명하기 위해 다른 사람을 깎아내리는 말을 자주 했다. 그런 엄마 밑에서 자라면서 언제나 괴로웠기 때문에 자신만은 타인을 향한 평가적인 시선을 거두고 포용적이고 따뜻한 마음을 유지하며 살기 위해 노력했다. 그리고 엄마의 엄중한 평가와 처벌 때문에 위축되어 있던 아빠에 대해서는 항상 측은한 마음을 안고 있었다.

자신은 그런 엄마와 전혀 닮지 않았다고 생각하며 살아왔지만 사실 그녀는 엄마를 많이 닮았다. 엄마를 닮아가는 자신의 모습은 자기 안에서 가장 발견하고 싶지 않은 모습이다. 다른 사람에게 내리는 부정적인 평가가 사실은 자신에 대한 부정적인 평가와 연결되며 스트레스를 남편에게 풀기 위해 잔소리한다는 사실을 알자 그녀는 여러 번 고개를 흔들었다.

"제가 왜 그렇게 누군가를 만나면서 존중받기를 원했는지 알 것 같아요. 사실 존중이라기보다는 무조건적인 사랑이었던 것 같아요. 나는 그렇게 무조건적인 사랑과 존중을 받으려고 하면서 정작 남편에게는 해주지 못했네요. '네가 내 맘에 안 들어', 이 말은 사실 '내가 내 맘에 안 들어'의 다른 표현인 것 같아요."

자기 자신을 있는 그대로 받아들이지 못할 때 상대를 내가 원하는 대로 바꾸고 싶은 욕구가 커진다. 자신을 있는 그대로 받아들이지 못하니 결핍감이 들어 다른 사람을 바꾸려 하는 것이다. 그런데 상대를 바꾸는 시도는 언제나 실패할 수밖에 없고 결국에는 관계를 소원하게 만든다. 내가 상대를 변화시키고 싶을수록, 그리고 실행에 옮길수록 상대는 자신을 방어하고 싶은 마음이 커지기 때문이다. 사랑하는 대상에게 거부당한다고 느낄 때 삶을 잘 살아갈 에너지를 잃게 된다.

에너지 없이는 변화도 없다. 변화시키려 할수록 상대는 더욱더 변하지 않고 그럴수록 서로의 마음은 멀어진다. 또 그럴수록 더욱 상대를 변화시키고 싶어진다. 사실 정작 변화해야 할 사람은 나인데 말이다. 내 의지로 자신을 변화해나가기도 어렵다는 점을 생각해보면 아무리 사랑하는 사람이라고 하더라도 누군가를 변화시키고자 하는 목표가 얼마나 공허한가를 알 수 있다.

무조건적인 사랑은
불가능하다

누구나 사랑하는 사람에게 있는 그대로
받아들여지고 싶어 한다. 특히 스스로를 있는 그대로 받아들이지
못하는 사람일수록 이런 마음을 다른 사람과의 관계에서 얻고자
한다. 내가 나를 받아들일 수 없으니 네가 대신 나를 받아들여 달
라고 요구하는 것이다. 자기 불만이 커질수록 타인에게 있는 그대
로 받아들여지고자 하는 욕구가 커지고 절실해지는 이 모순 때문
에 상대가 가장 해주기 어려운 것을 가장 절실히 바라게 된다.

미정 씨는 상윤 씨를 바꾸고 싶어 했다. 이 욕구를 그대로 받아
주기 위해 상윤 씨는 자신을 바꿔야 한다. 그리고 상윤 씨는 미정
씨를 무조건적으로 사랑하기 위해 미정 씨의 조건적인 사랑을 받

아들여야 한다. 한 사람은 요구하고 다른 한 사람은 자신의 특성을 접고 편집해가며 상대를 받아들이는 부담을 떠안아야 하는 것이다. 이런 방식으로 관계를 이어가는 것은 어느 정도는 가능할지 모른다. 하지만 다른 질문들이 딸려온다. 미정 씨는 언제쯤 불만을 버리고 만족을 하게 될까? 그리고 상윤 씨는 미정 씨의 불만을 어디까지 받아줄 수 있을까?

이 질문에 대한 자기만의 답을 찾아가면서 미정 씨는 무조건적인 사랑을 원하는 자신의 마음을 스스로 받아들이는 것과 이를 상대에게 요구하는 것은 별개의 문제라는 것을 알게 되었다. 애초에 이 모든 욕구 불만은 자기 안에서 파생된 것이므로 상대에게 해결해달라고 요구할 수 있는 것이 아니다. 자신은 상대를 조건적으로 바라보면서 상대는 자신을 무조건적으로 받아들여주기를 바라는 마음의 부당거래에 대해 알게 되었다.

이 모든 깨달음이 있다고 하더라도 무조건적인 사랑을 하고 싶은 미정 씨의 마음은 사라지지 않을 것이다. 마음속에서 무조건적인 사랑에 대한 욕망과 이상을 완전히 포기하기는 불가능하기 때문이다. 연약하게 태어난 우리는 누군가의 사랑 없이는 생존할 수 없다. 스스로 걷고 먹는 것이 가능하게 된 이후에도 타인의 사랑에 대한 갈망은 사라지지 않는다. 언제나 무조건적인 사랑을 기다려왔다. 무조건적인 사랑에 심리적인 생사뿐 아니라 실존적인 생사가 달려 있다. 세상에 무조건적인 사랑은 없다고 말하며 조건적인 가치에 집착하는 사람조차 사실은 마음속 깊이 무조건적인 사랑을 기다린다.

무조건적인 사랑을 둘러싼 마음이 이토록 간절하기에 세상에는 무조건적인 사랑의 대체물들이 난무한다. 조건적인 사랑이 주는 상처들에 씁쓸해하면서 각종 사랑 대체물에 매달리게 된다. 하지만 대체물은 대체물일 뿐 진짜가 될 수는 없다. 친밀감이 느슨해지고 와해될수록 각종 중독들이 고개를 드는 이유도 여기에 있다. 중독에도 다양한 종류가 있지만 모든 중독의 뿌리에는 사랑에 대한 결핍감이 자리 잡고 있다. 사랑 대체물에 매달릴수록 마음은 더 허기진 상태가 되지만 허기짐이 더 시급할수록 가짜에 쉽게 사로잡힌다.

무조건적이 사랑이 이상에 불과하고 현실에서 펼쳐지기 어렵다고 해도 절망할 필요는 없다. 모든 사랑에는 무조건적인 사랑의 가능성이 잠재되어 있기 때문이다. 모든 관계에는 진짜와 가짜가 섞여 있다. 100%의 가짜도, 100%의 진짜도 없다. 그러니 가짜 요소가 섞여 있다고 해서 모든 관계를 폐기해서는 안 된다. 자녀를 향한 부모의 사랑에도 무조건적인 요소와 조건적인 요소가 섞여 있다. 중요한 것은 사랑이 보다 더 무조건적인 사랑의 방향으로 나아갈 수 있도록 함께 성장해나가는 노력과 시도를 포기하지 않는 데에 있다. 나에게 절실한 그 사랑을 다른 사람에게도 줄 수 있도록 말이다.

미정 씨에게도 자신의 현실적인 사랑에 담긴 무조건적인 사랑의 요소를 인정하는 것이 중요하다. 자신의 사랑에도 판단적인 잣대를 기울이는 결벽성은 언제나 그녀를 괴롭혔다. 하지만 미정 씨는 자신을 받아들이고 더 가벼운 마음으로 관계를 발전시키기 위해 자기 안의 이분법과 결벽성을 깨고 그 자리를 통합과 융통성으로 바꿔나갔다. "절대로 안 돼"라는 단호함이 "이게 더 좋을 것 같은데"라는 부드러움으로, "어떻게 그럴 수가 있어?"라는 분노를 "그럴 수도 있지"라는 초연함으로 전환해가면서 전보다 더 가벼워졌다. 그렇게 자기 안에 잠재된 판단의 목소리를 내려놓고 자신의 마음에 집중하다 보니 남편에 대한 원망과 비난의 마음은 점점 사그라졌다.

성숙한 사랑일수록 무조건적인 사랑의 요소가 더 많이 담겨 있다. 그렇다고 이상적인 사랑의 잣대로 조건적인 요소가 담긴 현실적인 사랑을 평가절하하거나 부끄러워할 필요는 없다. 다만 현실 범위 안에서 무조건적인 사랑을 실현하려 노력해나가면 된다. 모든 관계는 고정적인 것이 아니라 언제나 진행형이며 사랑은 언제나 진화 중이기 때문이다.

성숙한 남녀의 사랑에는 조건적인 사랑의 상처와 억압으로부터 치유하고 성장시키는 요소가 담겨 있다. 사랑 때문에 상처받고 아파하지만 사랑 덕분에 치유받고 성장하게 되는 이유도 바로 그 때문이다. 그러니 성숙한 사랑을 만들어가고 싶다면 자주 스스로에게 질문해야 한다.

"나는 어떤 사랑을 받고 싶은가? 그(녀)는 내가 원하는 사랑을 주고 있는가?"

그리고 상대를 원망하고 싶은 마음이 들 때마다 하나의 질문을 더 던져야 한다.

"나는 어떻게 사랑을 하고 있는가? 나는 그(녀)가 원하는 사랑을 주고 있는가?"

사 ——————— 랑 ———————————— 에
||||||||||||||||||||||||||||||||||||||||||||||||||||||||||||||||||||||||||||||||||||||||||||||||||||||||||||||||||||||||||||||||||||||||||||||||||||||||||||||||||||||||||
균 열 을 느 낄 때

상대를 바꾸고 싶다는 욕구는 주로 오래된 연인에게서 나타난다. 익
숙한 상대를 보며 권태감을 느낄 때 주로 상대를 바꾸고 싶기 때문이
다. 이런 권태감을 '권태기'라는 개념까지 적용하여 이 마음을 이해하
려고 한다. 어떤 사랑이든 시간이 지남에 따라 균열이 일어나기에 이
런 마음을 잘 다스릴 필요가 있다.

∴ 사랑이 지루할 수도, 짜증스러울 수도 있다는 것을 받아들이자

권태감은 사랑의 한 부분이다. 권태감을 견디기 힘들어하는 이유

는 사랑은 행복하고 기쁘고 재미있어야 한다고 착각하기 때문이다. 물론 처음에는 모든 것이 새롭고 설레기 때문에 감정이 긍정적이며 밝다. 시간이 지날수록 사랑은 일상이 된다. 일상의 다른 관계처럼 익숙해지며 편해지기도 하지만 지루한 면도 커진다. 그런데 많은 사람들이 사랑하며 권태로울 수도 있다는 것을 받아들이려 하지 않기에 권태감은 돌파구를 찾지 못하고 정체된다. 다른 모든 불편한 감정처럼 억압하기만 해서는 해결할 수 없다. 그 감정에 대해 뭔가를 해보기 위해서는 스스로 있는 그대로 받아들일 필요가 있다. 내 사랑이 시들해진 것 같은 느낌이 들 때는 이런 감각을 애써 외면하거나 억누르려하기보다는 일단 권태롭다는 것을 받아들이자. 그래야 해결할 수 있는 다른 시도를 해볼 수 있다.

∴ 상대와 거리를 두고 내 마음을 객관적으로 바라본다

관계가 위기에 처할 때에는 두 사람이 함께 똘똘 뭉쳐 극복하는 지혜보다 각자 떨어져서 거리를 두고 관계를 점검하는 여유가 더 이로울 때가 있다. 권태는 이별 불안을 자극하기에 마음 한편으로는 상대를 내 옆에 더 굳건히 붙잡아두고 싶은 욕구가 생길 수도 있지만 이 욕구에 휘둘리다 보면 상대는 더 멀어지게 되고 마음속에는 상대에 대한 원망과 불만만 쌓이게 된다. 이럴 때일수록 조금 떨어져서 바라보는 '객관화'와 묵은 감정을 스스로 해소하는 '환기'가 필요하다. 혼자만의 시간이 불러오는 마음의 여유가 둘이 함께하는 시간에 활력을 불어넣어줄 것이다. 단, 혼자만의 시간을 갖는 거리두기라도 일방적이고 독단적인 방식으로 하기보다는 그 이유와 의미, 방식은 상대와 함께 의논해서 결정하는 것이 좋다.

∴ 너무 좋은 것이 너무 싫은 것이 될 수 있다

미정 씨는 상윤 씨에게 빠져 있는 관계 초기에는 상윤 씨의 모든 특성을 긍정적인 관점에서만 받아들였다. 무심함으로 느껴질 수 있는 상윤 씨의 특성도 털털함으로 받아들였고 지나치게 직설적인 면도 솔직함으로 받아들였다. 다정다감하지 않아도 자신은 그런 것을 원하지 않기 때문에 괜찮다고 했다. 하지만 많은 연인들이 애초에 상대에게 호감을 느끼게 된 가장 강력한 이유라고 생각했던 바로 그 특성 때문에 갈등하게 되고 결국에는 관계를 끝낼 결심을 하게 되기도 한다. 과묵해서 좋다고 생각했던 상대의 침묵이 답답해지고, 세심해서 좋았던 상대의 다정함이 집요한 간섭으로 여겨져 이별을 고려하게 되고, 솔직해서 좋아했던 그 사람의 직설적인 언행 때문에 상처받아 이혼을 결심하게 되는 상황이 나타난다는 것이다. 이 모든 마음의 변화는 사실 상대가 변했기에 나타난 것이 아니라 그 사람의 같은 특성을 바라보는 내 관점이 달라졌거나, 그 사람의 특성이 불러올 수 있는 부정적인 면을 살피지 못하고 뒤늦게 발견한 탓이다. 어떤 특성 때문에 좋았던 누군가가 또 같은 특성 때문에 싫어질 수도 있는 것을 받아들이며 너무 좋은 감정도, 너무 싫은 감정도 객관적이고 균형 잡힌 관점으로 받아들이기 위해 노력하자. 관계라는 마라톤을 잘 해나가기 위해서는 균형 감각이 필요하다. 감정이 뜨거워질수록 내 감정에 스스로 데이지 않기 위한 냉정한 판단을, 감정이 차갑게 식어갈수록 상대를 향한 따뜻한 배려와 연민을 잊지 말아야 한다.

chapter 10

사랑이 모든 것을
구원해주지
않는다

사랑의
함정

●   살다 보면 막다른 골목에 다다른 느낌이 들 때가 있

다. 다른 누구에게도 기댈 수 없을 때, 사랑이 절실해

진다. 이때 연인과의 관계는 유일한 심리적 공간이 된

다. 연인을 대변하는 이름 역시 이런 사랑의 속성을

그대로 보여준다. 연인은 내가 기댈 수 있는 '버팀목'

이 되고, 다른 모든 사람이 등을 돌리는 순간에도 내

곁에 있어 줄 '내 사람'이 되고, 나의 가능성을 밀어주

는 든든한 '후원자'가 된다. 이처럼 사랑은 우리를 구

원으로 이르게 하는 속성이 있다.

내 편이 생긴다는 든든함과 소속감은 험한 세상을 건

너게 해주는 힘이 되기에 자연히 사랑의 구원을 기다리게 된다. 이런 마음이 지나칠 경우, 스스로를 함정에 빠뜨리게 되기도 한다. 세상에서 얻은 불안과 절망, 두려움과 외로움에 흔들릴 때 사랑에 더 맹목적으로 자신을 밀어 넣고 의지하게 된다. 그리고 이런 의지가 지나칠 때 사랑이 아닌 의존으로, 성숙이 아닌 퇴행으로 사랑은 변질된다.

삶의 힘겨움 때문에, 외롭기 때문에, 사랑을 유일한 탈출 통로로 생각하고 연인을 자신의 구원자로 느끼게 된다면 그 마음을 다시 돌아보는 것이 좋다. 사랑을 통해 구원받고 싶어 하거나 나를 지우고 관계에 모든 것을 걸고자 할 때 사랑은 구원이 되지 않는다. 이럴 때 사랑은 실패하기 쉽고 또 사랑의 실패를 삶의 실패로 받아들이게 된다. 힘든 삶에 대한 도피처로 사랑을 선택하고 결혼을 감행한 많은 사람들이 그런 결혼으로부터 탈출하려 애쓰며 불행해한다는 점을 기억하자. 의지하고 싶은 순간일수록, 외로운 순간일수록, 그 마음을 경계해야 한다. 사랑은 홀로서기가 가능할 때 할 수 있다. 모든 것을 버리고 사랑에만 의존하고 싶은 마음은 관계라는 이름으로 할 수 있는 가장 위험한 퇴행이 된다. 건강한 사랑은 둘의 단단한 관계를 바탕으로 밖으로 뻗어나가는 방향을 키운다. 사랑은 관계를 통해 건강한 상호 의존과 진정한 독립을 실현하는 시작점이지 끝점이 아니다.

외로움을 해소하기 위한
사랑의 취약성

엄마와 함께 상담실을 찾은 서른세 살의 희정 씨. 그녀는 전혀 입을 열지 않는데 함께 온 그녀의 엄마가 조용히 정신과 의뢰보고서를 책상 위에 올려놓았다. 그동안 그녀가 받은 많은 심리검사 리스트와 약물 치료 전적, 임상심리사의 소견서가 덧붙여져 있다. 가만히 보니 심리검사를 받거나 치료를 받은 기관만 네 곳이다. 보고서에 적힌 진단명만 해도 하나하나 묵직하다. 나르시스틱 성격장애, 회피성 성격장애, 강박성 성격장애, 분노 조절장애, 반사회적 특성…. 희정 씨 대신 그녀의 엄마가 빠르게 그동안의 상황을 늘어놓았다. 딸과 함께 지난 반년간 이런저런 정신과를 다니며 치료를 해왔지만 차도가 없었고 오히려 상태가 나빠졌다며 답답해했다.

정신과 치료를 받기 전 그녀는 2년 동안 사귀었던 남자 친구와 결혼을 준비하고 있었다. 하지만 그 과정에서 이런저런 마찰이 생겼고 그 마찰은 가족 간의 갈등으로 번졌다. 그때부터 희정 씨는 크게 흔들리기 시작했다. 갑자기 사소한 것에 예민해지기 시작하더니 심리적으로 불안정한 모습을 보였다는 것이다. 그전까지는 어떤 불만을 내비치지 않고 주변 사람들의 말을 귀담아 들었지만 완전히 변해버렸다. 그녀는 일도 그만 두고 사람들에게 날 선 반응을 보이더니 급기야는 남자 친구와도 헤어졌다. 그러고는 방에서 나오지 않고 칩거 생활을 두 달 정도 했다. 그 즈음부터 그녀는 자신의 모든 실패를 가족의 탓으로 돌리며 공격적인 모습을 보이기 시작했다. 그녀의 엄마는 배려해주려고 노력도 했지만 터져 나오는 딸의 분노와 공격적인 행동 때문에 어떻게 대해줘야 할지 모르겠다고 했다. 요즘에도 사소한 갈등이 시작되면 걷잡을 수 없이 커지고 격렬해져서 몸싸움을 하기도 한다는 것이다.

우선 희정 씨의 엄마를 보내고 그녀의 이야기를 들어보았다. 희정 씨는 다른 이야기에 대해서는 우물거리며 말끝을 흐리기도 했지만 가족에 대한 원망과 분노는 분명하게 드러내고 있었다.

"서로 사랑하지 않았으면 저도 낳지 말았어야죠. 엄마는 제가 착하고 고분고분하니까 좋았다지만 저는 태어나서 한 번도 좋았던 적이 없어요. 항상 부모님이 다투셔서 조심히 행동해야 했고 동생들에게 치이고, 돈 없으니 사람 만나는 게 무서운데도 가족들 뒤치다꺼리하면서 살아야 되고, 어느 한순간도 행복하고 편해본 적이 없어요."

이 말에 그녀의 삶이 응축되어 있었다. 그녀는 자신의 삶에 대해 분노하고 있었지만, 그 분노는 행동하게 이끄는 분노가 아니라 무기력으로 향하는 분노였다. 자신에게 최초이자 가장 중요한 삶의 틀을 만들어준 가족을 원망하고 있었지만 가족으로부터 떨어져 독립할 시기가 지난 시점에 생긴 원망이었기에 그 원망은 공허했다.

그녀는 공부를 잘했음에도 어려운 가정 형편 때문에 대학에 진학할 수 없었다. 하지만 그녀의 두 남동생들은 그녀보다 공부를 잘하지 못했고 대학에 갈 의지가 없었음에도 아빠의 강력한 권유 때문에 대학에 갈 수 있었다. 동생들의 대학 등록금 역시 그녀가 감당해야 하는 몫이 컸다. 그녀보다 두 살 위인 언니 역시 대학에 못 가기는 했지만 선천적으로 몸이 약했기 때문에 삶의 많은 짐들로부터 면제되는 면이 많았다. 공평하지 않다고 느꼈지만 엄한 아빠에게 따지지도 못하고 자기 안에 올라오는 부정적인 감정을 습관처럼 억압해야 했다. 그 후로도 억압은 계속 되었다. 가족 외의 다른 관계에서도 그녀는 참 많은 것을 참으며 살아왔다. 너무 많은 억압을 하면 그 마음은 한순간 폭발하게 된다. 자신이 감당해야 하는 내적 · 외적 스트레스가 커지자 어느 순간부터 그녀는 남자 친구에게도 과도하게 공격적인 행동을 보이기 시작했고 주변 사람들에게도 폭력을 쓰기 시작했을 뿐 아니라 길을 가던 낯선 사람들과도 시비가 붙어서 갈등하기 시작했다.

결국 그녀는 남자 친구와의 결혼이 좌절되자 큰 분노와 원망을 느꼈고 그때부터 그녀 안에 잠재되어 있던 성격적 어려움과 결함들이 수면 밖으로 거세게 흘러나오기 시작했다. 사랑의 실패가 한 사람의 취약한 성격을 극대화시킨 것이다. 어서 빨리 지긋지긋한 가정에서 벗어나 새로운 가정 속 새로운 자신을 만들어가고 싶은 욕구가 강했던 그녀는 결혼의 실패로 인해 완전히 무너졌다. 그 정도로 그녀는 남자 친구와의 관계에 의존하고 있었고 결혼을 유일한 탈출구로 여긴 마음이 컸다. 그런데 의존했던 관계가 뜻대로 흘러가지 않자 그녀는 모든 의욕을 잃어버렸고 과거의 상처들이 폭격처럼 밀려왔다.

그녀에게 붙은 진단들은 그녀의 삶이 얼마나 불안정했던가를 보여준다. '나르시스틱 성격장애'는 흔히 공주병, 왕자병과 관련이 있지만 모두 이런 방식으로 나타나는 것은 아니다. 나르시스틱 성격장애 진단을 받은 사람들은 자신의 취약성을 가리고 방어하기 위해 관계를 얼마나 힘들게 사투해왔는가를 고백하는 경우가 많다. 가장 대표적인 특성인 '나' 중심주의는 특별대우를 요구하고 언제나 자신이 중심이 되기를 원하여 다른 사람들이 함께하고 싶어 하지 않는 이기적인 특성으로 나타나지만, 이런 면모가 항상 밖으로 드러나는 것이 아니고 같은 방식으로 나타나지도 않는다. 또한 나르시스트라고 자신에 대한 확신이 뚜렷한 것도 아니다. 오히려 자신에 대한 불신 때문에 불안한 마음을 방어하기 위해 자신을 지키고 내세우는 마음이 크다.

지나치게 자신에게 몰두하는 사람일수록 자신에 대한 사랑과 확신이 부족하고 타인의 평가나 피드백에 크게 흔들린다. 이들은 어떻게 해서든 자신을 보호하려고 긴장하고 있는 바람에 다른 사람과 마음을 나누는 진솔한 관계를 맺기가 힘들다. 그렇기에 주변에 사람이 있든 없든 철저히 외로울 수밖에 없다. 게다가 자기에게 쓰는 에너지가 너무 많아서 다른 사람에게 관심을 돌릴 수 없다는 것은 그만큼 자기 안의 긴장감을 혼자 안고 갈 가능성이 많다는 것을 말한다. 나르시스트들은 외로움을 깊이 느끼지만 이 외로움을 해소하기 위해 필요한 사랑을 받아들이는 마음의 통로가 좁기에 자신에게 필요한 사랑을 받아들일 수 있는 건강한 관계를 맺기도 쉽지 않다.

그녀가 묘사한 자신의 삶에는 성격장애를 이끄는 취약한 요소들이 많다. 여기에는 환경적인 취약성뿐 아니라 기질적인 취약성도 한몫했을 가능성이 크다. 기질적으로 불안에 취약하면서 다른 사람들의 반응에 민감한 사람일수록 스트레스를 견디는 힘이 약하고 그런 마음이 만성화될 때 성격장애로 발전한다. 관계 회피적이며 완벽한 통제에 대한 환상을 유지하고자 하는 강박적인 성향은 그녀 안의 불안과 깊은 관련이 있다. 이 마음을 받아들이고 더 나은 방향으로 바꾸어 나갈 수 있고 스스로 믿을 수만 있다면 그녀는 나아질 수 있다. 하지만 그러기에는 그녀가 넘어야 할 마음의 산이 많다.

혼자 설 수 있어야
진정한 사랑을 할 수 있다

본격적으로 상담을 시작하면서 희정 씨는 자기 안의 결핍을 더 구체적으로 묘사하기 시작했다. 결핍이 많고 가부장적인 분위기의 가정에서 책임감 강한 둘째 딸로 자라며 희생한 면이 많으며, 경제적으로 넉넉하지 않을 뿐 아니라 가족끼리 언제나 심한 갈등을 겪었다. 이런 불안한 환경에서 그녀의 욕구에 관심을 가져주는 사람은 단 한 명도 없었다. 항상 감정을 억누르며 살아야 했다. 그중 가장 아쉽고 한이 된 것은 그토록 원하던 대학 진학을 포기한 일이었다. 그녀는 아무런 목적의식 없이 일찍 사회생활을 시작했다. 그 생활조차 너무 힘이 들었지만 이런 그녀의 노고를 알아주는 사람은 아무도 없었다. 그녀는 표현을 잘하지 못하는 편이었기에 그 모든 상처를 마음에 담아두고 살았다. 그럴수록 결혼을 해서 어서 빨리 집에서 벗어나고 싶었고 자신의 열등감을 보상해주고 경제적으로 넉넉하며 표현하지 않아도 자신의 마음을 알아주는 남자를 꼭 만나고 싶었다.

그녀가 척박한 현실에서 버틸 수 있는 희망의 끈은 결혼이었다. 자신이 원하는 조항들을 최대한 충족시켜주는 남자를 만나기 위해 노력을 기울였다. 두 명을 동시에 만나기도 했고, 생각보다 조건이 별로라는 생각이 들면 적절한 이별의 과정을 거치지도 않고 헤어지기도 했다. 타인의 상처를 생각할 겨를이 없었다. 자신이 받은 상처에만 집중했고 그 안에 갇혀 있었기에 타인이 받을 수 있는 상처를 가늠하지 못했다. 그리고 2년 전 만난 남자 친구와의 관계에서 그녀는 모든 여정에 종지부를 찍고 사랑의 결실을 맺을 수도 있을 것 같은 기대에 부풀어 있었다.

카페에서 아르바이트를 하다가 만난 그는 학벌도 집안도 재력도 외모도 모든 면에서 완벽했다. 성격도 온순하고 다정다감했다. 그도 그녀가 좋다고 했다. 그녀는 행복했다. 하지만 그 마음이 오래 가지 못했다. 막상 그런 남자를 만나 결혼을 하려고보니 그에 비해 자신이 모든 면에서 모자라는 것 같았다. 게다가 예비 시부모님의 탐탁지 못한 듯한 태도 역시 마음에 걸렸고 자존심이 상했다. 까다롭게 남자를 골랐지만 막상 그런 남자를 만나니 자신의 열등감이 해결되기보다는 더 강하게 자극되는 것 같았다. 남자 친구에 비해서 부족한 것 같은 자신의 모습을 받아들일 수 없었던 것이다. 그와 자신의 차이가 그녀를 상처 입혔다.

이런 생각에 자존심이 상했고 언제 버림받을지 모르는 불안을 느꼈다. 이런 불안 속에서 그녀는 거짓말을 하기도 했다. 대학 진학을 하지 못한 것을 솔직히 말하지 못하고, 대학에 진학했으나 가정 형편 때문에 휴학 중이라고 둘러댔다. 그녀는 언제 버림받을지도 모른다는 불안 때문에 버림받기 전에 먼저 헤어지자고 해야 된다는 충동에 시달렸다. 그때부터 그녀는 작은 갈등의 기미만 보여도 반복적으로 이별 통보를 했다. 헤어지고 싶은 마음이 없으면서 헤어지게 될까 봐 두려운 마음에 남자 친구에게 자주 헤어지자고 말했다.

우리는 보통 관계에 덜 절실한 쪽이 먼저 헤어지자고 말한다고 짐작한다. 하지만 실상은 다른 경우가 많다. 관계에 더 절실하고 더 많은 것을 걸고 있을수록, 작은 균열에도 이별을 말하고 싶은 충동에 시달리게 된다. 이때 꺼내놓는 "헤어지자"는 말은 진심이 아니다. 사실 "고통스러운 내 마음을 네가 받아줄 수 있는지 시험하고 싶다"를 의미한다. 결국 "헤어지자"는 "붙잡아줘"의 다른 표현인 것이다. 하지만 이런 반어법은 상대는 물론 스스로를 지치게 한다.

상대를 시험하는 이유는 상대가 그만큼 중요하기 때문이다. 관계의 중요도에 따라 시험의 난이도와 횟수, 기간은 어려워지고 많아지고 길어진다. 하지만 몇 번의 시험을 통해 상대의 마음을 확인했다면 시험을 철회해야 한다. 하지만 이전에 경험한 사랑의 실패와 삶의 좌절로 마음이 많이 어긋나 있을수록 시험을 포기하지 않게 된다. 오히려 관계가 더 중요하고 절실해질수록 자신이 얼마나 큰 파급력을 가지고 있는지를 확인하기 위해 더 큰 시험지를 상대에게 내민다.

그녀는 이별 통보에 힘들어하는 그를 보며 그의 마음을 확인했다. 그녀의 이별 통보는 그녀가 더 큰 힘을 가져갈 수 있는 수단이 된 것이다. 관계에 과도하게 의존함으로써 느끼는 자신의 불안을 상대에게 떠넘기고 자신의 힘을 확인했다. 하지만 그녀에게 이토록 강력한 권력을 주었던 '이별 통보'는 여러 번 반복됨으로써 서서히 그 힘을 잃기 시작했다. 결국 지친 그는 그녀의 이별 통보를 받아들였다. 물론 그가 자신의 이별 통보를 그대로 받아들이자 당황하고 충격을 받은 사람은 그녀였다. 그리고 그녀는 슬퍼하는 대신 분노했고 분노의 화살을 가족에게 쏟아내기 시작했다.

이 모든 관계 경험에 공통적으로 깔려 있는 희정 씨의 문제는 관계에 과도하게 의존적이라는 것이다. 아무리 힘겹게 살았다고 해도 자신의 목소리를 낼 기회는 만들어나갈 수 있다. 하지만 그녀는 환경 탓, 부모 탓을 계속하며 삶의 책임을 모르는 척했다. 아무리 가까운 사람이라고 해도 다른 사람이 내 삶을 대신 이끌어주는 것은 불가능하다. 그럼에도 누구나 의존하고 싶은 마음을 자주 느낀다. 왜냐하면 의존은 우리 생애 최초로 품었던 욕망이자 생존 방식이기 때문이다.

자궁 속에서 열 달을 보내는 동안, 태어나서 타인의 돌봄에 의존하는 시간 동안에 나와 타인이 구분되지 않는 관계에 있었다. 그때는 아무 것도 하지 않아도 되었고 내 삶에 대해 책임도 지지 않았다. 하지만 힘이 커지면서 독립은 성장을 위한 중요한 목표가 되었다. 의존했던 부모로부터 떨어져 나와 독립하게 된 이후부터 또 다른 방식으로 의존할 대상을 찾아 헤맨다. 그리고 그 대상과의 관계를 통해 어떻게 독립하고 또 어떻게 의존할 것인가는 중요한 심리적인 과제가 된다. 아이가 아닌 성인으로서 건강한 관계를 맺기 위해서는 독립심과 의존심이 동시에 필요하기 때문이다. 의

존에서 독립으로 향하고, 독립에서 새로운 상호의존의 심리적 공간을 만들어가며 형성한 관계는 혼자를 견디는 동시에 함께하는 힘을 기를 것을 종용한다. 따로, 또 같이 함께하는 관계를 통해 더 큰 성장을 해나갈 수 있는 것이다. 그러기 위해 우리는 일단 독립이라는 '홀로서기'를 감내할 줄 알아야 한다. 희정 씨는 홀로서기를 할 필요가 있었다.

사랑에서 가장 중요한
의존과 독립

의존과 독립 사이에서 갈등하며 누군가를 만난다. 때로는 의존하고 때로는 독립하며 자신의 일상을 만들어 간다. 내면의 균형 감각을 유지하며 타인과 내 삶을 함께 공유해 나가는 과정은 쉽지 않다.

서른다섯 살의 미애 씨는 과도한 의존심 때문에 상담실을 찾았다. 그녀는 언제나 관계에 있어 수동적이면서도 과도하게 의존했기 때문에 쉽게 무너졌다. 자신이 무엇을 원하는지에 대한 분명한 그림이 없을 때 우리는 삶에 대해서 수동적인 태도를 취하게 되고 그러다 보면 타인의 욕망에 쉽게 흔들리게 된다. 미애 씨는 언제나 끌려가듯 관계를 시작했고 밀려나듯 관계를 끝내야 했다. 이런 일을 반복했지만 단 한 번도 욕망의 주체가 되어본 적이 없다는 것이 이성 관계에서 그녀가 가지고 있는 가장 큰 문제이다.

그녀는 언제나 타인의 적극적인 열정과 구애 때문에 관계를 시작했다. 수동적이고 무기력하고 반복되는 일상에 지겨움을 느끼는 사람들은 적극적으로 구애하는 대상에게 편입되듯 관계를 시작하는 경우가 많다. 보통 여성이 수동적으로 선택되는 역할을 하고 남성이 적극적으로 선택하는 역할을 하는 경우가 많지만, 항상 그런 것은 아니다. 관계의 본질을 살펴보면 그 반대인 경우도 꽤 많다. 또한 관계의 양상 역시 시간이 갈수록 변하고 역할이 뒤바뀌는 경우도 종종 있다. 한 사람이 무작정 수동적으로 끌려 다니기만 할 수도 없거니와 다른 한 사람이 언제나 적극적인 역할만 해낼 수는 없기 때문이다. 문제는 이런 관계 양상이 정체된다는 데에 있다.

미애 씨는 처음에는 몸을 사리느라 수동적인 모습을 보였지만 상대를 만난 지 얼마 안 되어 수동성이 무색할 정도로 쉽게 마음을 열어 무작정 의존했다.

"아무 생각 없이 밥을 먹고 있는 데 그 사람이 갑자기 제 손을 잡더니 이러는 거예요. '그만 먹고 싶으면 그만 먹어도 돼요. 억지로 먹을 필요 없어요.' 그때는 그 말에 가슴이 두근거렸어요. 그 순간 이 사람이 내 사람이라고 성급하게 결론을 내렸어요."

그녀는 그가 표현하고 싶지만 표현하지 못했던 자신의 마음을 대변해주는 것 같다는 이유로 마음의 문을 한 번에 열었다. 표현을 하지 않다 보면 결국에는 자신도 자신의 마음을 모르게 된다. 그랬던 그녀는 자신은 몰랐을 수도 있지만 말하지 않아도 자신의 마음을 알아주고 표현해주는 누군가를 기다렸을 것이다.

"하기 싫은 거 안 해도 돼"는 그녀의 마음을 열게 하는 마법의 말이었다. 그 말 한마디로 그녀는 자신의 모든 방어를 걷어냈다. 너무 견고한 방어막도 사랑을 방해하지만 너무 허술한 방어막도 사랑을 방해한다. "안 먹어도 돼"라는 그의 말은 진심이었을 수도 있다. 하지만 그렇다고 그가 앞으로 그녀의 모든 것을 포용해줄 수 있다는 뜻은 아니다. 그럼에도 그녀는 그가 자기 자신조차 모르는 자신의 마음을 미리 읽고 다독여줄 좋은 대상이라고 확정지어버렸다. 성급한 일반화의 오류이지만 사랑에 빠지는 순간 우리는 이런 오류를 쉽게 범하고 만다. 그리고 그 오류는 관계 속 긴장과 갈등의 먹구름을 몰고 온다.

미애 씨의 남자 친구는 전혀 그녀가 원하던 사람이 아니었을 뿐 아니라 오히려 그 반대였다. 그는 배려를 잘 몰랐다. 자기 감정에 사로잡히면 그녀의 상처를 보지 못했다. 그럼에도 그녀는 그와의 관계를 끊지 못했다.

"그냥 헤어지면 되는데 왜 그랬는지 몰라요. 서로 싸우다가 홧김에 헤어지자고 했다가 또 누군가가 연락해서 다시 만나기를 정말 자주 반복했어요."

모든 관계는 매 순간 좋고 나쁨을 반복하기에 점점 무엇이 진짜이고 무엇이 가짜인지 파악하기가 어려웠다. 그와 헤어졌다가 다시 만나는 것을 반복할 때마다 어쩌면 나아질지도 모르는 미래에 집중했다. 하지만 결국 미애 씨는 관계가 아니라 자기 자신에게 돌아가야 한다는 것을 상처 끝에 깨달았다.

그러면서 의존심 때문에 그녀 스스로 억압과 결핍을 만들고 있다는 것을 알아갔다. 그리고 사랑을 위해서는 너무 까다롭고 수동적인 태도도, 너무 느슨하고 의존적인 태도도 해가 된다는 것을 알았다. 아무리 사랑하는 사람이라도 한순간에 모든 경계를 허물고 상대에게 의존하면 자신을 잃게 되기 때문이다.

좋은 관계는 서로에게 천천히 다가간다. 하지만 사랑에 갈급하고 외로움에 절실하고 불안에 휘말릴 때 우리는 쉽게 마음을 주고 만다. 미애 씨는 너무 경계했다가 또 너무 느슨해지는 모습이 있다. 이 모든 것이 외로움의 억압으로부터 나를 구제해줄 누군가를 기다리고 있었던 그녀 안의 의존성과 수동성 때문에 나타난 것이다. 사실 자신의 마음을 알아줘야 할 사람은 다른 누구도 아닌 자기 자신이고 우리는 선택 당하는 존재가 아닌 선택하는 존재여야 하는데 말이다.

사랑은 지금 당장의 외로움은 해소되고 결핍감으로부터 눈을 돌릴 기회를 줄 수는 있지만 욕구를 진정으로 품어주는 데에는 한계가 있다. 그러니 정말 참을 수 없는 것이라도 진실한 사랑을 위해 나를 먼저 보살필 필요가 있다. 지금 당장의 갈급함과 성급함을 요구하는 내 안의 갈망은 어쩌면 사랑이 아닌 의존과 수동성의 중요한 증상일 수 있다. 아무것도 알지 못하는 대상에게 강렬하게 이끌리는 이 현상은 마음을 즉각적으로 붕 뜨게 해줄 수도 있지만 붕 떴던 그만큼 곤두박질치게 할 수도 있다.

조금만 건드려도 흐물흐물 무너져 내릴 것 같은 마음으로, 다른 누군가가 그 마음을 알아주고 보듬어주기를 바라는 마음으로 사랑을 시작한다면 그 사랑은 험난하다. 일단 나를 단단하게 세운 후에 관계에 진입하자. 욕망의 '대상'이 아닌 '주체'가 되어 누군가가 나를 감싸주기를 기다리기보다는 내가 나를 움직여보자. 사랑은 주고받는 상호의존에 기반을 둔 것임을 이해해야 한다. 사랑은

각자 고유한 정신세계를 가진 두 사람이 조금씩 더 크게 공유하고
확장해나가는 문이다.

의 존 과 독 립 의 균 형 을
위 해 필 요 한 세 가 지

의존과 독립은 관계에 있어서 반드시 필요하다. 하지만 균형 감각을 잃고 한쪽으로 너무 치우치면 관계는 제대로 유지되지 않는다. 특히 사랑 관계에서는 더욱 그렇다. 마음의 균형이 어긋나려고 할 때 다음의 내용을 잘 기억하자.

∴ 상황이 좋지 않을 때에는 스스로 정리하고 사람을 만난다

흔히 마음이 힘들 때 마음을 치유해주고 보듬어줄 누군가를 절실히 기다리게 된다. 하지만 아무리 사랑이 서로에게 안식이 되는 관계

라고 해도 연인이 내 마음의 안식처만 될 수는 없다. 삶은 누구에게나 쉽지 않은 과제를 던지기 때문이다. 아무리 강한 사람이라고 해도 타인의 아픔을 그대로 떠안아줄 수는 없다. 게다가 내 안의 힘겨움이 클 때 오히려 상대에게 상처를 주고 또 그로 인해 내가 상처받는 악순환을 반복하게 될 가능성이 크다. 아직 내 삶이 너무 힘겹다면 스스로 어느 정도 상황을 정리한 후에 누군가를 만나는 것이 필요하다. 그래야 사랑의 구원은 환상이 아닌 현실로 다가온다.

∴ 연인 관계뿐 아니라 다른 관계의 자원을 탄탄히 한다

사랑의 구원은 강렬한 유혹이다. 누군가의 구원을 기다리는 사람도, 누군가에게 구원을 약속하는 사람도 결국 한 관계에서 모든 구원이 이루어지는 것은 불가능하다는 것을 발견하게 된다. 그렇기에 연인에게 너무 많은 역할을 지우거나 연인을 통해 무언가를 많이 얻고자 하는 마음을 경계할 필요가 있다. 우리에게는 연인도 필요하지만 삶의 방향성을 의논할 선배도 필요하고 마음을 나눌 친구도 필요하다. 마음을 지탱해줄 가족과의 관계도 중요하다. 소중한 연인 관계를 오래 간직하기 위해 다른 관계 자원을 탄탄히 함으로써 객관적인 균형 감각을 유지해나갈 필요가 있다. 관계를 다양화하는 것은 연인 관계가 덜 중요해서가 아니라 더 중요하기 때문이라는 점을 기억하자.

∴ 내 힘으로 삶을 일구는 경험을 한다

내 연인이 아무리 강하고 자원이 많다고 해도 그의 자원과 힘은 그의 것이지 내 것이 아니다. 나와 공유하며 일구어나가는 과정을 함께하기는 할지라도 그(녀)는 그(녀)고, 나는 나다. 스스로의 힘으로 삶을 일구어나가는 경험을 차곡차곡 쌓아가지 않는 한, 우리는 아무리 타인의 사랑을 받고 있어도 스스로를 초라하게 느끼게 된다. 누군가의 힘에 의탁해서 얻는 것에는 한계가 있고 받는 것이 있다면 주어야 할 것도 분명히 있다. '홀로서기'를 잘 하는 사람들이 '함께하기'도 잘 해나가는 데에는 바로 이런 이유가 있다. 그러니 의존심을 내려놓고 독립심을 키우는 방향으로 살아가며 그 삶을 사랑으로 함께 해나가야 한다. 물론 너무 힘들 때는 내 사람에 기대고 싶고 기대야 하는 것이 당연하다. 하지만 모든 성장과 성숙은 적당한 의존을 통한 독립임에 있지 말자. 내가 없으면 관계도 없다. 나를 단단하게 만드는 길이 결국은 관계를 단단하게 만드는 길이다.

당신의 좋은 연애를 응원한다

정신분석학자 에리히 프롬은 우리가 사랑하는 모습을 세 가지 국면으로 나누어 살펴보았다.

1단계 : 사랑에 '빠지는' 단계(falling in love)

2단계 : 사랑을 '하는' 단계(being in love)

3단계 : 사랑을 '유지하는' 단계(staying in love)

그러면서 그는 우리가 "어떻게 하면 사랑에 빠질 수 있을까?"라는 생각에만 너무 골몰한 나머지 사랑을 하는 방법이나 유지하는 방법에는 상대적으로 마음을 덜 쓴다고 비판했다. 모든 이야기 속 로맨스가 "그후 행복하게 살았답니다(happily ever after)"로 끝이 나지만 사실 진짜 사랑은 그때부터 시작이고 사랑에 빠지는 것만큼이나 어렵게 만난 사랑을 놓치지 않고 유지해 나가는 것도 중요하다는 것이다.

이 책에서 이야기하는 서른 즈음의 연애는 이런 사랑을 '유지하는' 단계에 방점을 둔다. 사랑에 빠지거나 사랑을 하는 것도 중요하지만 결국 우리 모두가 원하는 것은 일시적인 감정에 들뜨고 흔들리는 마음이 아니라 오래오래 지속되는 사랑을 주고받는 안정적인 '관계', 그리고 그 관계 속에서 더 단단해진 '나'와 '너'이기 때문이다.

관계는 두 사람이 함께 추는 탱고이기에 각자 아무리 훌륭해도, 지금까지 두 사람의 관계가 아무리 순조로웠다고 해도, 갑작스레 나타난 복병과 예상하지 못한 반전에 오해와 갈등, 실패를 맞이할 수도 있다. 내 안의 리듬을 통제할 수 있으면 어떤 내적·외적 위기에도 크게 흔들리지 않으며 설사 흔들리더라도 내 리듬을 다시 찾게 된다. 나의 리듬을 알면 상대의 리듬을 파악하고 맞춰 가기도 쉽다. 그렇기에 내 밖을 살펴보기 이전에 내 안을 세밀하게 들여다봐야 한다. 흔들리고 기우뚱거릴수록 더 나에게 집중해야 한다. 그러면 상대의 리듬을 이해하고 받아들이는 과정은 자연히 쉬워진다.

흔히 이미 서로에게 익숙해진 관계를 보며 잡은 물고기에는 먹이를 안 준다는 자조적인 농담을 한다. 그러나 그 말은 틀렸다. 잡은 물고기에게는 더 좋은 것을 먹이고, 더 예뻐하고, 더 자주 들여다보고, 더 배려해야 한다. 그 물고기가 어렵게 만난 내 사람이라면 더더욱 그래야 한다. 인연을 만나기는 쉽지 않다. 그런데도 그렇게 어렵게 만난 인연에게 반하고 서로를 어느 정도 알아가고 내 사람이 되었다는 마음이 들면 그때부터 내 사람을 만나기 전까지 외로웠던 순간들을 잊어버리고 인연의 소중함을 잃어버린 채 그 인연을 지키기 위한 노력을 소홀히 하게 되기 쉽다.

사랑은 매 순간의 선택이고 그 선택은 한 번으로 끝이 아니다. 그 선택을 공고히 하고 친밀한 좋은 관계를 유지해 나가기 위한 끊임없는 노력이 필요하다. 그리고 이 책을 세밀히 읽은 독자라면 이 책에서 제시하는 사랑의 본질이 미숙하고 여리고 외롭고 결핍이 많은 우리를 더욱 성숙하게 만들어주고 아픈 마음을 치유해주는 좋은 관계라는 사실을 이해했으리라 믿는다. 부디, 사랑에 빠지는 과정, 사랑을 하는 과정보다 더 어렵고 중요한 사랑을 유지하는 과정을 잘 헤쳐 나가는 데에 이 책이 도움이 되었으면 한다.

당신의 좋은 연애를 응원한다.